Rudolph Lothar

Frauenlob

Ein Lustspiel in drei Aufzügen

Rudolph Lothar

Frauenlob
Ein Lustspiel in drei Aufzügen

ISBN/EAN: 9783743464438

Hergestellt in Europa, USA, Kanada, Australien, Japan

Cover: Foto ©ninafisch / pixelio.de

Manufactured and distributed by brebook publishing software (www.brebook.com)

Rudolph Lothar

Frauenlob

Frauenlob.

Ein Lustspiel in drei Aufzügen

von

Rudolf Lothar.

Dresden, Leipzig und Wien.
E. Pierson's Verlag.
1895.

An *

Wie Sanct Georg vom Drachen
Das Land befreit,
So siege über das Leid
Dein lösendes Lachen!

Zur Erinnerung an sonnige Tage.

Aussee, Juli 1894.

R. L.

Dieses Stück wurde zum ersten Male aufgeführt am Kgl. Hoftheater zu Dresden den 15. Februar 1895 in folgender Besetzung:

Personen.

Walther von Wiesner	Herr Wiene.
Mathilde, seine Nichte	Frau Basté.
Bogumil Zirm	Herr Swoboda.
Franz Rumpelmann, genannt Bolz	Herr Bauer.
Wilhelmine, seine Schwester	Frl. Tullinger.
Anna Rellstab	Frl. Diacono.
Hans Probst	Herr Paul.
Dr. Otto Brandl	Herr Dettmer.
Köberl	Herr Thomas.

Ort der Handlung: An einem Alpensee.

Einrichtung des Dresdner Hoftheaters (Regisseur: Herr Erdmann.)

Die mit [ ] bezeichneten Stellen können bei der Aufführung wegfallen.

Spielzeit des I. Aktes 30 Minuten.
„ „ II. „ 39 „
„ „ III. „ 27 „

Erster Aufzug.

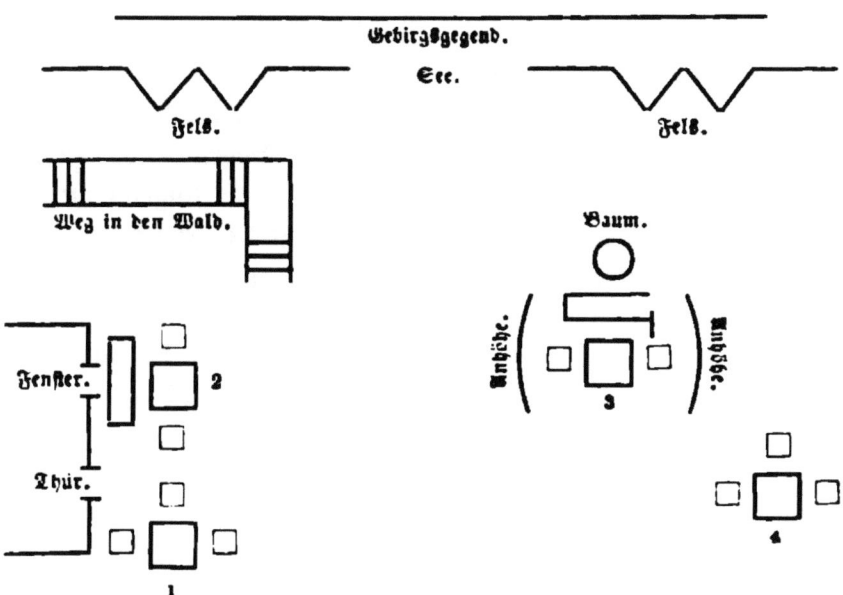

(Vor Köberl's Wirthshaus „am See". Das Wirthshaus, ein primitiver, laubumsponnener Holzbau, nimmt die linke Seite der Bühne ein. Im Hintergrunde Aussicht auf den See, Felsen und Berge. Rechts [Mitte] auf einer hügelartigen Erhöhung unter einem großen Baume Tisch und Bank. Ein Weg führt im Hintergrunde bergan steigend nach links in den Wald. Vorne rechts und links Tische und Stühle.)

1. Scene.

Hans (tritt von links, den Weg herunter kommend, auf; gleich darauf Köberl.)

Hans (sieht sich um und schlägt endlich, da Niemand kommt, mit seinem Stock auf den Tisch). Hoiho! Hoijotoho!

Köberl (aus dem Hause). Wünschen?

Hans. Der Herr Wirth?

Köberl. Zu dienen! Wünschen?

Hans. Haben Sie ein Zimmer für mich?

Köberl (ihn zum Eintritt auffordernd). Kann schon sein!

Hans. Halt, noch eine Frage. Sagen Sie, Herr Wirth, sind hier nicht ein Herr und eine Dame angekommen, ein stattlicher Herr, blond, etwas angegraut, Schnurrbart, Fliege, die Dame schlank, schwarz, so — ganz Battist!

Köberl. Ist schon möglich, kann schon sein.

Hans. Aha! Also die Herrschaften wohnen bei Ihnen?

Köberl. Na! Bei mir wohnt nur das Fräulein Rellstab, was die große Sängerin ist — sehr ein liebes Fräulein! — und dann wohnt noch der Herr Doktor Braubl bei mir.

Hans. Otto ist auch hier? Der Junge wird Augen machen, wenn er mich sieht! — Es giebt also wohl noch ein Wirthshaus, ein Hotel in der Nähe? (Köberl schüttelt den Kopf.) Oder kann man auch im Dorf Unterkunft finden?

Köberl. Wir sind kein Dorf, wir sind nur ein Wirths= haus und das bin ich! Ich bin der Köberl!

Hans. Aber ich sehe ja dort Häuser im Grünen!

Köberl. Kann schon sein! Die Keuschen am Wasser ist das Blockhaus des Herrn Zirm.

Hans. Ach, das ist ja der Musikdirektor!

Köberl. Ist schon möglich, daß er mit der Musik was hat. Er ist halt ein Kapellmeister! Und das andere Haus dort drüben gehört dem Herrn Rumpelmann, was ein großer Schauspieler ist.

Hans. Rumpelmann?! Kenne ich nicht. Ich kenne Fräulein Rellstab, alle Hochachtung, ich kenne Herrn Zirm, allen Respekt — aber Rumpelmann — — bedaure, habe nicht das Vergnügen. Damit weiß ich noch immer nicht, wo der Herr und die Dame abgestiegen sein können.

Köberl (zuckt die Achseln).

Hans. Am Ende sind sie noch gar nicht angekommen.

Köberl. Ist schon möglich, daß sie noch gar nicht angekommen sind.

Hans. Kommen vielleicht erst heute, mit der Post.

Köberl. Kann schon sein!

Hans. Die Post fährt doch hier vorbei?

Köberl. Alle Tage um eilf Uhr.

Hans. Ich bin doch in Seeau?

Köberl. Zu dienen. Beim Köberl.

Hans. Aber hören Sie mal, Herr Wirth. Als ich vorhin frug, ob der Herr und die Dame schon da seien, sagten Sie doch: ja!

Köberl. Kann schon sein. Ist schon möglich!

Hans (ungeduldig). Was kann sein, was ist möglich?

Köberl. Ich mein' halt, nichts ist unmöglich auf dieser Erden.

Hans (lachend). Also mein Lieber sind ein Philosoph.

Köberl (der das Wort nicht versteht). Ist schon möglich!

Hans. Nun denn, so beweisen Sie mir die Existenz eines bewohnbaren Zimmers.

Köberl (vorangehend, tritt ins Haus). Hier links, mein Herr! (Man sieht Köberl in ein Parterrezimmer treten, dessen Fenster offen sind.)

Hans (ihm nachfolgend, im Zimmer). Ganz gut! Schöne Aussicht! Gefällt mir! Das heißt: ich weiß noch nicht, ob ich hier bleibe — (er tritt wieder heraus, vom Wirth gefolgt). Der Postwagen muß doch bald kommen?

Köberl. Wird schon noch ein Stündchen dauern. (Er zieht ein Papier aus der Tasche und breitet es auf dem Tische

1*

vor Hans aus.) Wenn ich einstweilen bitten dürfte — (reicht Hans die Feder).

Hans. Meldezettel?! (Setzt sich zum Schreiben, mit dem Rücken zum Haus; schreibend). Hans Probst —

2. Scene.

Vorige. Otto (aus dem Hause tretend, bleibt hinter Hans stehen).

Otto (fortsetzend). Rechtsanwalt aus München.
Hans (dreht sich um). Otto!
Otto. Schau, schau! Der gute Hans! (Der Wirth geht mit dem Meldezettel ab.)
Hans. Was machst denn Du hier?
Otto. Faullenzen, auf sommerliche Bärenhaut liegen, genießen, mich des Daseins freuen wie ein Lazzaroni der Alpen, Mücken fangen, in die blaue Luft gucken, mich sonnen, athmen, athmen vor Allem!
Hans (auf die Landschaft zeigend.) Und an all' dem brauchst Du keine Kritik zu üben!
Otto. Bewahre! Siehst Du, wenn man so den ganzen Winter sein saueres, kritisches Amt geübt, wenn man sich müde geschrieben, heiser geschrieen und sich tüchtig herumgeschlagen hat, ist man doch glücklich, einmal ein Stück zu sehen, das man nicht zu besprechen und zu erklären braucht — ich meine ein Stück Natur!
Hans. Du faullenzest also con amore?!
Otto. Du sagst es! Wir sind hier eine kleine Künstlercolonie und unterhalten uns ganz famos. Ich habe auch eine lyrische Ader in mir entdeckt. Ist gar nicht unbedeutend. Ich werde Dir nächstens was vorlesen (auf eine stumme Frage Hans') Willy heißt sie!

Hans. Ich erkenne Dich nicht wieder, o Du mein Sankt Georg der Kritik! „Man muß den Drachen der Liebe bekämpfen und ihm seine Opfer entreißen! Man muß das Weib besiegen!" Das sind doch Deine Leitmotive!

Otto. Bitte, vermenge nicht meine objektiven Ansichten mit meinen subjektiven Empfindungen. Was in mir vorgeht, steht außerhalb der Kritik. Aber wie kommst denn Du hierher?

Hans. Zu Fuß über's Gebirge.

Otto. Tourist aus Leidenschaft?

Hans. Ja, aber aus Leidenschaft für ein entzückendes Weib.

(Stehen auf und kommen im Gespräch nach rechts.)

Otto. Konnte ich mir bei Dir wohl denken. Also um zu reden wie unsere Lustspieldichter, Du bist auf der Pirsch. Hochwild? Niederjagd?

Hans. Hochwild, denn es ist der Mann dabei. Wie viel Ender weiß ich noch nicht.

Otto. Na, so erzähl' — Deine Jagdgeschichte!

Hans. Leider giebt es wenig zu erzählen. Vor vier oder fünf Tagen sehe ich auf dem Dampfschiff, das von Luzern nach Flüelen fährt, einen Herrn und eine Dame. Die Dame —

Otto. Keine Schilderung. Du hast plötzlich in dieser Unbekannten die Quadratur des weiblichen Zirkels gefunden.

Hans. Stimmt. [Ich sauge mich mit beiden Augen an der Anmuth ihrer Erscheinung fest. —

Otto. Bitte, fremde Lyrik thut meinen Ohren weh.]

Hans. Ich verfolge das Paar. Von Flüelen zurück nach Weggis, dann auf den Rigi, dann wieder nach Luzern. Immer verhindert mich ein unglückseliger Zufall, ihr in die Nähe zu kommen. In Luzern verliere ich die Spur. Ich

bin darüber fast melancholisch geworden. Vorgestern stehe
ich in Bregenz an der Landungsbrücke und denke an die
Verlorene; da höre ich, wie eine weibliche Stimme sagt:
"Also nicht wahr, wir bleiben noch ein paar Tage in Seeau,
eh' wir heimkehren?" Und darauf ertönt die männliche Ant=
wort: "Ja, mein Kind, Freitag sind wir in Seeau. Ich
freue mich schon auf das liebe, alte Wirthshaus am See."
Ich drehe mich um. Sie sind's. Ich will ihnen nacheilen
und besinne mich. Nun kenne ich ihr Reiseziel. Hier ist
der Kampfplatz der denkbar beste. Ich setze mich also auf
die Bahn, fahre nach Salzburg. In Salzburg, wer glaubst
Du, steht am Bahnhof und winkt mir schon von Weitem
mit dem Sonnenschirm entgegen?

Otto. Deine Holde?!

Hans. Nein, der alte Professor Kriegstein, der à tout
prix mich bereden will, mit ihm den Juristentag zu besuchen.
Du kannst Dir denken, wie ich "Nein!" gesagt habe. Statt
mit der Post hierher zu fahren, bin ich über's Gebirge ge=
stiegen. Wie Du siehst, bin ich noch vor ihnen eingetroffen.
Heute ist Freitag. Hier ist das liebe, alte Wirthshaus am
See, auf das ich mich schon so gefreut habe.

(Beide sitzen rechts.)

Otto. Und Du hast keine Ahnung, wer die Leute sind?

Hans. Keine Ahnung. Ich weiß nicht einmal, ob sie
Mann und Frau oder Papa und Tochter sind. Und das
wäre doch für mich das Wichtigste zu wissen.

Otto. Das sieht man doch auf den ersten Blick!

Hans. Was Du nicht sagst! Auf den ersten Blick
erkennt man nur Geschäfts= und Hochzeitsreisende! Ein
Ehepaar hat keinen Typus mehr. Heute, wo alles so wirr
durcheinander heirathet und Jugend nicht vor Alter schützt,
wenn Dieses oder Jenes gerade Geld hat, kennt sich der

Teufel mehr aus! — Siehst Du, sind die Herrschaften nur Papa und Tochter, so verlasse ich sie zur selbigen Stunde.

Otto: Ei, warum denn dieses?

Hans. Ich will Dir's sagen: Bei einem jungen Mädchen gibt es nur ein Entweder — Oder. Entweder man begeht eine Eselei oder man heirathet. Und da Du mir nun hoffentlich nicht das erste, und ich mir nicht das zweite zutraue, so habe ich in solchem Falle hier nichts weiter zu suchen. Heirathen!! Fällt mir gar nicht ein! Meine Jugend aufgeben, meine Freiheit —

Otto. Und den — Jagdschein muß man auch abliefern.

Hans (aufstehend). Ganz richtig. Dann kann man sein Gewehr in den Winkel stellen. Und die häuslichen Sorgen, das Geldausgeben, die kleinen Kinder, die Schwieger= eltern, Kurorte, Toiletten, Gardinenpredigten, Beschränkung in der Wahl seines Umganges, Controllirung des Nachhause= kommens, Wühlen in meinem Schreibtische, was weiß ich noch alles — nein, nein, nein, ich habe es mir fest vor= genommen, geheirathet wird nicht. Ist sie aber eine Frau — ach, das ist dann etwas ganz anderes!

---

3 Scene.*)

Vorige. Zirm (der kurz vorher von rechts hinten aufgetreten ist.)

Zirm. Das nenn' ich erbauliche Grundsätze, junger Mann!

Otto (Zirm begrüßend). 'Nen Morgen, Papa Zirm!

Hans (ebenso). Das freut mich, werther Meister.

---

*) Hans, Zirm, Otto.

Zirm. Willkommen in unseren Bergen, junger Mann! Aber verderben Sie uns mit solchen Anschauungen nicht unsere reine Alpenluft! Ich will Euch was sagen. Donner und Wetter! Sind wir Männer denn nicht besser als Raubritter und Wegelagerer? Kann man nicht glücklich werden, ohne dem Neid zu opfern? Was Ihr Liebe nennt, ist ja nichts anderes als Raublust und Neid. Einem Andern was wegzunehmen, das macht Euch Spaß. Das Gold aus der Tiefe holen will keiner. Erst wenn's einer in seiner Tasche hat, reizt es alle Langfinger. Heirathen wollt Ihr nicht, aber des Nächsten Weib könnt Ihr nicht in Ruhe lassen. Pfui! Da bin ich ein anderer Kerl!

Otto. Aber geheirathet haben Sie doch nicht.

(Alle Drei sitzen rechts).

Zirm. Das ist eine andere Geschichte. Wir Künstler sollen nicht heirathen. Kunst und Weib vertragen sich schlecht. Auf meinem knorrigen Holz gedeiht auch die Minne nicht. — Na, nichts für ungut, Herr Rechtsanwalt. Sie müssen ja wissen, was Recht ist. — Eine gute Idee von Ihnen, auch mal hieher zu kommen.

Hans. Eine herrliche Gegend!

Zirm. Gewesen, gewesen! Als es da noch auf allen Bergen Gemsen gab. So einem alten Waidmann wie mir thut das Herz im Leibe weh, wenn er sieht, wie das schöne Wild nach und nach verschwindet. Was habe ich da oben gejagt! Kein Schuß ging fehl! Die Berge kennen mich (auf die Anhöhe steigend). Sehen Sie, dort, wo der Fels so steil zum See abfällt, da habe ich einmal meinen schönsten Schuß gethan. Ich klettere dort hinauf — kein Mensch hätte es für möglich gehalten, dort hinauf zu kommen — und sehe plötzlich über mir in der Luft einen prachtvollen Adler und vor mir auf der Höhe eine Gemse. Ich reiße meine Doppelflinte von der Schulter, mit der linken Hand, denn mit der rechten muß ich mich am Felsen anhalten, lege an, immer nur mit der Linken: Puff, die Gemse, puff, der Adler! Beide hol' ich herunter. Blattschüsse! Ha, das können Sie mir kaum glauben, nicht wahr? Aber wenn Sie mich in meinem Blockhaus besuchen, kann ich Ihnen noch die Doppelflinte zeigen.

Hans. Wer weiß es nicht, daß Sie Nimrods Waffen ebenso energisch handhaben, wie den Taktstock?

Zirm (ins Feuer kommend). Und wenn ich Euch erst erzählen wollte, was ich im Kaukasus geleistet! Als ich nämlich eines Tages im Kaukasus jagte —

4. Scene.

Vorige. Bolz.

Bolz (ganz bäurisch gekleidet, in Hembärmeln, nackte Knie, unförmliche Schuhe; er trägt einen unregelmäßigen struppigen Bart, kommt von links hinten.) Gott zum Gruß, Ihr Herren!

Zirm (flüchtig). 'Nen Morgen! (Erpicht fortfahrend.) Als ich nämlich im Kaukasus jagte —

*) Bolz. Sapperment, wann wart Ihr denn im Kaukasus?

Hans (Bolz zu erkennen suchend). Ja, sind Sie nicht — irre ich mich — Herr Bolz?!

Bolz. Ach was, Bolz! Bolz ist gut für den Zettel. Bolz ist Theater. Hier will ich vom Theater nichts wissen. Hier heiße ich mit meinem bürgerlichen Namen Rumpelmann. Habe die Ehre, mich Ihnen vorzustellen, Herr Rechtsanwalt, mein Name ist Rumpelmann, Held und Liebhaber auf Ferien.

---

*) Hans, Bolz, Zirm, Otto.

Hans (ihm die Hand schüttelnd). Nein, wie Sie aussehen.

Bolz. Großartig, was! Hier habe ich den Stadtmenschen ganz abgestreift. Hier bin ich ein Bauer! Hier bin ich — Natur! Diese Lederhosen! Habe sie einem Bauer auf der Ferleithen abgehandelt, hat schon drei Geschlechtern gedient! Und dieser Bart, was! Legen Sie mir eine Summe auf den Tisch, so groß Sie wollen, und sagen Sie mir, ich solle mich rasieren lassen. Ich hätte nur einen Juchezer als Antwort!

Otto. Wo ist denn Ihre Schwester?

Bolz. Natürlich — Doktorchen hat für mich gar kein Auge, sondern nur für Willy. Verliebt, was? Na, werden Sie nicht so roth. Ist ganz gesund, so ein bischen Gymnastik des Herzens. Beruhigen Sie sich. Willy habe ich gerade mit Anna im Walde getroffen, wo sie Schwämme suchten für unseren Mittagstisch. (Zu Hans). Ist das nicht idyllisch? Schwämme suchen ist für mich der Inbegriff des sommerlichen Friedens.

Zirm. Also was ich Euch erzählen wollte. Es war einmal im Kaukasus —

Bolz. Das muß ein wildes Land sein! Habt Ihr denn dort überhaupt menschenwürdig leben können?

Zirm. Einen echten Waidmann darf nichts geniren. Auf dem Schnee haben wir geschlafen. Glauben Sie, daß mir so was schadet? Dieser Brust? Ich kenne keinen Schnupfen, keinen Husten. Ich fühle mich nur wohl im Freien. Wissen Sie, meine Herren, wo ich jetzt schlafe? In meinem Blockhaus ist es mir zu dumpfig. So rudere ich Abends in die See hinaus und schlafe in meinem Boot. Ach, ist das gottvoll! Wer das nicht kennt, weiß überhaupt nichts vom Schlafen! Ich verachte jedes Bett.

Bolz. Das ist mir zu kaukasisch. Aber Freund Zirm,

wir müssen gleich an unsere Spielpartie gehen, sonst wird es zu spät.

Hans. Ach, die Herren spielen! Mit dem Strohmann?

Bolz. Nein, mit dem Omnibus! Das ist nämlich so. Wir kommen hier jeden Tag herauf, wenn die Post vorüberfährt. Man will doch sehen, wer ankommt oder durchfährt. Sintemalen das die einzige Zerstreuung hier zu Lande ist. Da ist mir einmal eingefallen, Freund Zirm gegenüber die Wette zu halten, daß hier ein Passagier aussteigen werde. Ich habe natürlich die Wette verloren. Am nächsten Tage wollte ich mich revanchiren. Dann fanden wir die Sache sehr lustig und jetzt wetten wir jeden Tag: Ob der Wagen halten wird oder nicht, ob die Anzahl der Passagiere gerade ist oder ungerade. Schade, daß der Postillon nicht bläst. Wir könnten dann auf seine Gickser wetten.

Hans. Kommt der Postwagen schon?

Zirm. Spielen Sie mit, weil Sie das so aufzuregen scheint?

Otto. Ah, die Damen!

---

5. Scene.

Vorige. **Anna mit Willy** (kommen von links).

*) **Anna** (ein buntes, zusammengeknüpftes Tuch in der Hand). Eierschwämme, Pilzlinge, Bärentatzen, Hasenöhrel — eine großartige Ausbeute!

---

*)   Willy, Anna,
   Otto,   Zirm,
           Hans,   Bolz.

Hans. Es freut mich außerordentlich, verehrtes Fräulein, Sie hier wiederzusehen. Ich habe Sie zum letzten Male als Traviata bewundert. (Bolz und Zirm ziehen sich zurück, Anna geht mit Hans zum Tisch rechts, wo sie ihm die gesammelten Schwämme zeigt).

Anna (ihn begrüßend). Ah, Herr Probst, wollen Sie auch Mitglied unserer Kolonie werden?
(Sie sprechen weiter.)

Otto (zu Willy.) Ich weiß einen neuen Witz.

Willy. Das Buch, das Sie mir geliehen haben, ist wirklich abscheulich. Ich habe es gleich gestern Abends in einer Entrüstung ausgelesen.

Otto. Wenn Sie seine Feinheiten nicht verstanden haben sollten —

Willy. Nein, ich danke für Erklärungen. So dumm bin ich denn doch nicht.
(Zwirn und Bolz steigen auf die Anhöhe.)

Otto. Sie sind entzückend klug, ich weiß. Ach was Sie heute wieder für reizende Ohren haben, und dieses Näschen —

Willy. Das hab' ich alle Tage! Sie wissen, ich vertrage nicht, wenn man mir den Hof macht. Das reizt meine Nerven. Aber Ihren Witz können Sie mir erzählen — leise, damit die ihn nicht hören.

Otto. Also — (sie sitzen beide auf der Bank No. 2 und er erzählt ihr leise eine Geschichte; sie hört gespannt zu).
(Mittlerweile sind Zirm und Bolz rechts auf den Hügel gestiegen; vorne verabschiedet sich Anna von Hans.)

Hans. Sie sind die beste Königin der Nacht, die ich je gehört habe —

Anna. Jetzt aber muß ich in die Küche! Sie müssen nämlich wissen, daß ich hier so zu sagen die Nährmutter unserer kleinen Kolonie bin. Ich habe Köberl's alte Köchin für die Dauer unseres Aufenthaltes entthront, und mit Willy's Hilfe bereite ich den Männern das Mahl. Von allen Passionen ist Kochen meine einzige! Heute giebt es Apfelstrudel! (Geht ins Haus).

Willy (auflachend). Zu dumm! [Was sagt sie?

Otto (sagt ihr was ins Ohr).

Willy. Eigentlich ist es eine Frechheit mir so was zu erzählen. (Sie lacht hell auf).]

Anna. Kommst Du mit in die Küche?

Willy. Freilich! Doktorchen, wenn Sie wollen, dürfen Sie heute Schnee schlagen.

Otto. Mit Wonne! Mein Herz wird dabei überschäumen!

Willy. Ich bitte Sie den Schnee zu schlagen und nicht Ihr Herz!

(Anna, Willy, Otto ab ins Haus).

Zirm (auf der Anhöhe neben Bolz stehend). Dort kommt er schon! (Nach rechts zeigend)

Hans. Der Postwagen?! (eilt hinauf).

*) Bolz. Ich sehe noch nichts.

Hans. Ja, ein Punkt dort dort auf der Straße!

Bolz Also ich wette auf Halten.

Zirm. Wette dagegen.

Hans. Wenn er nur hielte!

Bolz. Anzahl der Passagiere: Gerade.

Zirm. Ungerade.

Bolz. (Geld auf den Tisch legend.) Mein Einsatz!

---

*)   Zirm.
       Hans,
Bolz,

Zirm (ebenso). Der meine!

Hans (die Hand auf die Brust legend, für sich). Der meine! (Man hört von ferne, immer näher kommend, Schellengeklingel und Peitschenknallen).

---

6. Scene.

Köberl (eilt aus dem Hause nach rechts; man sieht ihn halb in der Coulisse stehend, seine Bücklinge machen; dann tritt er auf, Handgepäck tragend, hinter ihm) Wiesner, der Mathilde (am Arm führt. Wiesner spricht im Auftreten mit Köberl, der dann mit dem Gepäck ins Haus geht. Wiesner und Mathilde kommen nach vorn. Zirm, Bolz und Hans (bleiben oben unter dem Baume und grüßen die Eintretenden sehr höflich. Sobald Wiesner und Mathilde am Tische rechts sitzen, kommen die Herren herunter und setzen sich an den Tisch No. 2. Der Wirth bringt ihnen Wein und sie spielen Karten. Hans beobachtet aber die ganze folgende Scene und sucht bei jeder Gelegenheit mit Mathilde zu kokettiren. Man sieht im Hintergrunde zwischen den Bäumen den Postwagen vorüberfahren, Schellengeklingel und Peitschenknallen verlieren sich in der Ferne).

Mathilde. Da wären wir also in Deinem gepriesenen Seeau.

Wiesner (sich umblickend). Es hat sich nichts verändert in den ganzen zwanzig Jahren, daß ich nicht hier gewesen bin. Damals war ich ein flotter Student, genoß mein Leben und hatte keine Sorge.

Mathilde. Bitte, Onkelchen, keine Anzüglichkeit! (Beide sitzen am Tische rechts.)*) Ich fühle mich ohnedies gedrückt

---
*)   ☐ Wiesner.

Math. ☐ ☐

genug von dem Bewußtsein, mit meinem Persönchen Deine Sorgenlast zu repräsentiren.

Wiesner. Wie Du das sagst: Sorgenlast!

Mathilde. Ach, gesteh's nur, das Wort ist nicht zu hart. Meinetwegen verbringst Du Deine Sommerszeit in Seebädern und Alpenhotels, meinetwegen gehst Du im Winter in die Welt, meinetwegen hast Du tausend Gedanken und einige Dutzend Pläne, meinetwegen opferst Du Deine Ruhe und Deine Bequemlichkeit.

(Koberl bringt eine Flasche Rothwein und 2 Gläser aus dem Hause und setzt sie vor Wiesner hin.)

Wiesner. Gott, wenn das Alles nur zum Ziele führen würde! Aber siehst Du, jetzt haben wir wieder vier Wochen lang ein fashionables Zigeunerleben geführt und in ein paar Tagen rücken wir wieder in die Stadt — in derselben Verfassung, in der wir ausgezogen sind.

Mathilde. Das heißt: Die Sorge ist ledig wie sie gewesen. Kein Mann wollte anbeißen. Mich will eben Keiner!

Wiesner. Da soll man sich nicht ärgern! Ein junges, frisches, gescheidtes Mädel mit Witz und Geist und Bildung, mit allen häuslichen Tugenden, und ich zieh mit ihr herum wie —

Mathilde. Wie ein braver Bärenführer, der Du bist. Dabei hast Du Dir den Bären nicht einmal selbst angeschafft. Der fiel Dir eines Morgens in den Schooß, ein Waisenkind, das Dir einfach sagte: „Bitte, liebes Onkelchen, verheirathe mich!" Als ob das so einfach ginge.

Wiesner. Nein, es geht einfach nicht. Uebrigens überschätzest Du meine Eignung zum Schwiegeronkel. Ich habe kein Talent, den Leuten den Eintritt in die Ehe verlockend zu machen, ihnen den Januskopf der Ehe von der

guten Seite zu zeigen. Ich mit meiner Ehejchen, mit meinen
eingewurzelten hageſtolzen Grundjätzen! Wie ein junger
Mann mit mir über's Heirathen ſpricht, warne ich ihn davor,
wie vor einem Kaffeekränzchen bei des Teufels alter Tante.
Wenn er dann, von meiner Logik bezwungen, mir Recht
giebt, ſeh' ich freilich ein, daß ich eine Dummheit gemacht
habe. So verheirathet man doch ein Mädchen nicht, wenn
man aller Welt einjchärft, Heirathen ſei das Unſinnigſte,
was man auf Erden thun könne und jeder Bräutigam ſei
ein Eſel in spe.

Mathilde (aufſtehend). Du übertreibſt!

Wiesner. Das iſt die Regel. Du biſt nur die ſie
beſtätigende Ausnahme. Denn wer Dich heirathet —

Mathilde (während des Folgenden um Wiesner herumgehend).
Macht einen Haupttreffer, wie Du ſagſt. Aber da übertreibſt
Du auch; denn mit meinen guten Eigenſchaften, die Du
vorhin aufzählteſt, ſieht es nicht gar ſo herrlich aus. Ge=
ſtatte mir eine kleine Richtigſtellung. Ein junges Mädel?
Bin ich nicht. Ich wäre heut' eine junge Frau; aber für
ein Mädchen bin ich ſchon — in den beſtem Jahren. Ge=
ſcheidt? Wäre ich das, fiele ich Dir nicht mehr zur Laſt.
Denn das Geſcheidtſein des Weibes beſteht im geſchickten
Fang der Männer. Ich habe noch nichts gefangen. Witz
und Geiſt und Bildung? Das ſind Dinge, die eine Frau
glänzen laſſen darf, wie ihre Brillanten — wenn ſie welche
hat. Aber es ſchickt ſich für ein Mädchen nicht recht,
Diamanten zu tragen — auch wenn ſie welche ſtolz ihr
Eigen nennt.

Wiesner. Na, mein Kind, Du biſt die letzte, die
einen Witz, der Dir durch den Kopf ſchießt, in den Kaſten
ſperrt oder ihren Geiſt in ein Futteral ſteckt!

Mathilde. Ja, ſiehſt Du, ich bin eben zu gebildet.

Ich habe sämmtliche Romane und Schriften von Walther Nervis gelesen, wie mein hier anwesender Onkel mit seinem berühmten Schriftstellernamen heißt. Und da steht so viel und so Richtiges drin von neuen Rechten, von zu erringenden Freiheiten, von überwundenen Vorurtheilen, daß ich ganz verlernt habe, das sittsame, augenniederschlagende, mit Rede und Gedanken auf gebundener Marschroute zierlich einherschreitende Muster eines „kleinen Mädchens" zu sein. Weißt Du, was ich von Walther Nervis gelernt habe? Eine lustige, fröhliche Kampfesstimmung, die es gerne mit dem Schicksal aufnehmen möchte! (Setzt sich). *)

Wiesner. Wie stellst Du Dir denn das Schicksal vor?

Mathilde. Wie einen hübschen, jungen Mann! Das ist doch klar!

Wiesner. Ich glaube beinahe, Du könntest eine ganz gefährliche Gegnerin sein!

Mathilde. Wenn mir nicht eine Waffe fehlen würde! Denn meine wichtigste Eigenschaft hast Du vergessen. Ich habe keine Mitgift. Gar keine. Das wiegt alle Tugenden auf.

Wiesner. Aber das ist eben eine Schmach —

Mathilde. Ereifere Dich nicht. Heirathsstunde muß Gold im Munde haben. Deswegen schlägt sie mir nicht. Es ist zu komisch. Wie die Männer erfahren, daß ich ein armes Mädel bin, beeilen sie sich aus meiner Nähe fortzukommen. Sie kriegen förmlich Angst vor mir. Ich muß mich schon drein fügen, eine alte Jungfer zu werden, mit allen meinen guten Eigenschaften. Deine Ansichten über das Heirathen sind leider zu sehr verbreitet.

---

*) Wiesner.

☐ Mathilde.

Wiesner. Es giebt nur einen Weg zur glücklichen Ehe. Das ist die Liebe. Die frägt nicht nach Ehejchen und nicht nach Mitgift.

Mathilde. Aber unsere Herrenwelt untersagt sich heute die Liebe aus Vernunftgründen.

Wiesner. Liebe läßt sich nicht untersagen.

Mathilde. Kennst Du — die Liebe?

Wiesner. Ich habe sie oft geschildert und oft besungen — aber so recht erlebt und tief erfahren habe ich sie noch nicht. Ich bin eben kein Sonntagskind.

Mathilde. Siehst Du, und ich bin es auch nicht. Wir werden unser trauriges Schicksal schon ertragen müssen.

Wiesner. Nein, da liegen die Dinge doch verschieden. Ich bin ein Falter, der keine Flamme gefunden hat, um sich die Flügel daran zu versengen, sondern der immer im Dunkeln herumgeflogen ist. Du bist aber eine Flamme, die die Falter und Mücken lockt und ruft. Gieb Acht, die werden schon kommen.

(Mittlerweile ist Hans aufgestanden, hat versucht, von rückwärts aus mit Mathilde einen Blick zu wechseln; nun sitzt er auf der Anhöhe).

Mathilde. O bitte sehr, die sind schon da. Du darfst nicht glauben, daß man mir etwa nicht die gebührende Achtung und Aufmerksamkeit schenkt. Das geschieht im hohen Maße, allerdings meist in respektvoller Entfernung. Ich mache Eroberungen. Schau, ich will Dir gleich meine letzte zeigen. Siehst Du dort auf der Anhöhe den Herrn mit dem weißen Flanellanzug? Das ist derselbe, der mir schon auf dem Dampfer am Vierwaldstätter See nachgeblickt hat. Er hat es sehr scharf auf mich. Und ich kann Dir genau sagen, was er sich jetzt denkt. Er sagt sich: „Wenn das eine junge Frau ist, so probire ich mein Glück. Ist's aber ein Mädchen, so laufe ich davon, denn alle Mädchen wollen heirathen." Das ist nämlich der Gedankengang all' dieser jungen Herren, die vor der Ehe nicht die Liebe, sondern nur das Wolfseisen der Heirath sehen und aus Angst vor diesem auch der Liebe in weitem Bogen ausweichen. Mach' über dieses Thema einen Roman, Onkelchen!

Wiesner. Gieb Du mir auch gleich den Stoff dazu!

Mathilde. Nichts leichter als das! Dieser junge Mann — er ist übrigens gar nicht übel — wälzt einen großen Zweifel in seiner Brust: Bin ich Deine Frau oder Deine Tochter? Ich könnte das eine oder das andere sein, ohne Deiner Reputirlichkeit zu schaden.

(Köberl tritt aus dem Hause und legt vor Wieser den Meldezettel hin, bringt dann geschäftig von einem andern Tische Feder und Tinte und bleibt dann in einiger Entfernung wartend stehen).

Mathilde (nimmt die Feder zur Hand). Wir haben noch ein paar Tage Ferialzeit. Gelt, Onkelchen, sind Ferien nicht am schönsten, wenn sie im lustigen Zeichen des Uebermuthes stehen?

Wiesner. Was willst Du denn gar so Uebermüthiges thun, daß Du so unternehmungskühn die Feder schwingst?

Mathilde. O, etwas ganz Großes! Denk Dir, ich will eine Frau werden! Aber nur für diese paar Tage und — um Dir Stoff zu Deinem Roman zu geben. (Sie schreibt rasch). Siehst Du, wie rasch das geht, ich habe uns blos in den Meldezettel eingetragen: Herr und Frau Wiesner aus Stuttgart!

Wiesner. Was soll das heißen?

Mathilde. Ich will dem Herrn da oben eine kleine Lection geben. Ich will in die Lage kommen, ihm meine Meinung über ihn und seines Gleichen gründlich sagen zu können. Laß mir das Vergnügen.

Wiesner. Mit so ernsten Dingen scherzt man nicht!

Mathilde (aufstehend). Ach, spiel nicht den strengen Cato, Onkelchen! Sei ganz Walther Nervis und schau zu, wie die Fäden des Schicksals laufen, wenn man ihm — ein bischen nachhilft!
(Sie übergiebt den Zettel dem Wirth, der ihn dankend in Empfang nimmt und damit quer über die Bühne geht. Hans kommt rasch herunter, trifft mit Köberl zusammen, sieht auf den Zettel und macht eine freudige Geberde des Befriedigtseins).

Mathilde. Nein, nein, Onkelchen, laß mir die kleine Freude. Sie ist ganz harmlos. Und geschehen ist die Sache nun einmal. Nun zeig' aber auch ein bischen Stolz, daß Du plötzlich eine so niedliche Frau gefunden hast.

Wiesner. Ich habe Dich schlecht erzogen, Du machst aus mir, was Du willst.

Mathilde. Sogar einen Ehemann. So, mach ein freundliches Gesicht. Der Fisch hat schon angebissen. Paß auf, wie ich ihn auf's Trockene werfen werde.

7. Scene.

Hans. Wiesner. Mathilde. (Später) Köberl.

Hans. Ich bitte die Herrschaften, meine Kühnheit zu verzeihen. Aber habe ich nicht die Ehre — Herr Professor Kriegstein aus Köln, nicht wahr?

Wiesner. Sie irren sich, mein Herr, der bin ich nicht. Mein Name ist von Wiesner, Schriftsteller aus Stuttgart.

Hans. O, Sie entschuldigen, aber diese Aehnlichkeit! Mein Name ist Hans Probst, Rechtsanwalt aus München.

Mathilde. Das hindert durchaus nicht, mein Herr,

daß wir uns freuen, Ihre Bekanntschaft zu machen. (Leise zu Wiesner.) Stelle mich vor!

Wiesner. Meine —

Mathilde (rasch soufflirend). Frau!

Wiesner. Meine Frau!

Hans. Hocherfreut, meine Gnädige!

(Köberl kommt wieder aus dem Hause und spricht mit Wiesner.)

Mathilde. Ich glaube, mein Herr, Sie schon auf dem Vierwaldstätter See bemerkt zu haben. Oder war es auf dem Rigi?

Hans. Ich wagte nicht zu hoffen, von Ihnen bemerkt zu werden.

Mathilde. Aber Sie verfolgten ziemlich energisch diese Absicht.

Hans. Und sie hat Sie verstimmt?

Mathilde. Im Gegentheil.

Hans. Sie machen mich sehr glücklich.

Mathilde. Sie sind genügsam.

Wiesner. Ob wir zu Mittag speisen wollen?! Natürlich! Nicht wahr, Mathilde?

Mathilde. Gewiß, ich bin furchtbar hungrig.

Wiesner. Wird das Essen nur gut sein?

Köberl. Ist schon möglich! (Ab ins Haus.)

Hans (für sich). Sie ist bezaubernd!

Mathilde (zu Wiesner). An dem räche ich das ganze Geschlecht der Sitzengebliebenen.

8. Scene.*)

Wiesner, Mathilde, Hans; Zirm und **Bolz** (sind herbeigekommen).

Bolz (zu Hans). Wollen Sie nicht die Güte haben mich vorzustellen.

Zirm (ebenso). Mich auch! Alle Wetter! So was Schönes kommt selten in unser Nest.

Hans. Aber mit Vergnügen, meine Herren! Gestatten Sie, Herr von Wiesner, gnädige Frau, daß ich Ihnen zwei alte Freunde vorstelle, Stammgäste von Seeau, dessen einzige Sommerherrn sie sind. Meister Zirm, unser genialer Orchester=Dirigent, unter dessen Stabe alle Blüthen der Musik sich entfalten. Herr Rumpelmann —

Bolz. Ach, lassen Sie doch! Wie soll die Gnädige wissen, wer Rumpelmann ist! Ich heiße Bolz, ich bin Bolz!

Mathilde. Wer kennt Bolz nicht, von dem alle Mädchen schwärmen, den elegantesten Liebhaber der deutschen Bühne?!

Bolz. Ich bin es lieber in Wirklichkeit — aber da mit ganzer Seele!

Wiesner (zu Zirm). Es freut mich unendlich, Ihnen persönlich zu begegnen. Ich war dabei, wie Sie voriges Jahr in Bayreuth die Walküre dirigirten.

Zirm. Was sagen Sie zu der Kraft meiner Führung? Ich dirigire mit der Faust eines Schlachtenlenkers. Wenn ich so meine Bläser ins Treffen führe oder wie der Sturm mit meinen Streichern dreinfahre —

---

*)   Zirm,
Wiesner, Mathilde,   Hans,
                                Bolz.

9. Scene.*)

Vorige; (aus dem Hause stürzt) **Otto** (den Schnee schlagend).

Otto (noch auf der Schwelle). Meine Herrschaften, man geht gleich zu Tische! Fräulein Anna tropft schon die Suppe ein.

Bolz. Da' hat es noch eine gute Weile mit dem Essen! Doktorchens Hunger will sich mit solchen Meldungen nur selber täuschen. Wir kennen das!

Otto (vorkommend). Also da ist sie! Du, Hans, stelle mich vor!

Hans. Meine Gnädige, gestatten Sie mir, Ihnen Herrn Dr. Otto Brandl vorzustellen, einen unserer gefürchtetsten Kritiker, genannt der blutige Otto.

Willy (aus der Küche). Doktorchen, kommen Sie rasch, Sie müssen noch Kartoffeln schälen.

Mathilde. Ach, Sie scheinen ja trotz Ihres Beinamens recht zahm zu sein.

Hans. Wir Männer sind immer glücklich, wenn sich eine Omphale unserer erbarmt.

Otto. Omphale ist eine Sage, die ich nicht anerkenne. Das Weib darf vom Manne nicht Knechtesdienste verlangen. Können Sie sich den wahren Heros spinnend vorstellen? Ich nicht. Der wahre Heros muß über dem Menschen, geschweige denn über dem Weibe stehen. Und das Bild des wahren Heros muß jedem Mann als Ideal vorschweben.

Willy (wie oben). Doktorchen, ich habe Sie schon einmal gerufen. Wo bleiben denn Sie?

Otto. Ich komme schon! (Rasch ab ins Haus).

(Rechts Wiesner, Zirm und Mathilde; links Bolz und Hans.)

---

*) Otto, Hans, Wiesner, Zirm, Mathilde, Bolz.

Zirm. Moderne Musik? Gehen Sie mir doch damit! Da steckt keine Kraft drin, keine elementare Leidenschaft. Ich möchte, wenn ich so eine neue deutsche Oper dirigire, am liebsten mit dem Taktstock an dem Komponisten ein fürchterlich Gericht vollziehen. So mit dem ganzen Schwung meines Armes! Warten Sie nur, bis einmal meine Oper fertig ist „Bianca von Castilien" —

Bolz (zu Hans). Das junge Frauchen gefällt mir, das ist ganz mein Genre. Wissen Sie, mit jungen Mädchen gebe ich mich prinzipiell nicht ab. Die sind mir viel zu langweilig. Dann weiß man nie, was man mit ihnen reden soll. Und wenn die Frauen ein gewisses Alter ihrer Jugend erreicht haben, weiß man auch nicht mehr, was man mit ihnen reden soll, — weil sie Einen zu rasch beim Worte nehmen. Aber so wie die ist — frisch und resch, à la bonne heure!

Hans. Ganz meine Ansicht!

*) **Otto** (tritt Kartoffel schälend aus dem Hause, betheiligt sich schon von der Schwelle aus am Gespräch). Und auch in der Musik diese ewige, dithyrambische Anbetung des Weibes. Das Weib degenerirt die Kunst. Die Musik muß sich vom Weibe befreien. Wir müssen uns alle vom Weibe befreien. Die Kunst sei ein Triumphgesang, kein Sclavendienst!

Bolz (hinübergehend). Tyrannentödter! Gnade für das Weib!

Hans (für sich). Wie konnte ich nur glauben, daß sie dieses Mannes Tochter sei! Die entzückende Reise in Wort und Geste — (Er nähert sich Mathilde).

Wiesner (im Gespräch mit Otto; Bolz sieht daneben.) Ach,

---

*) Hans, Bolz, Otto,   Wiesner, Zirm, Mathilde.

Sie sind auch Schriftsteller. Das freut mich! So sind wir ja Kollegen!

Bolz. Bitte im Gegentheil — der Herr ist Kritiker!

(Zirm folgt Mathilde und steht mit ihr und Hans im Gespräch.)

Mathilde. Ist das auch Ihre Ansicht?

Hans. Niemals! Wir Männer sind auf der Welt, um vor der Frau das Knie zu beugen und Frauenlob zu singen!

(Zirm, Mathilde, Hans setzen sich rechts.)

Zirm. Ich möchte Ihnen durch eine That beweisen, wie Unrecht der junge Mann dort hat, und was ich unter Frauendienst verstehe!

Wiesner (zu Otto). Wie meinen Sie das?

*) Otto. [Die heutige Schauspielkunst faßt alle Rollen falsch auf. Sie hält sich zu sehr an das bloße Wort, an den Sinn, den der Dichter augenfällig gemacht hat. Sie muß aber tiefer eindringen, sie muß trachten, zwischen den Zeilen zu spielen, die geheime Bedeutung zu errathen, die, dem Dichter oft selbst unbewußt, in den Figuren steckt. Man muß sich z. B. bemühen, alle sympathischen Züge, die im Franz Moor stecken und von denen Schiller offenbar selbst keine Ahnung hatte, herauszubringen. Man muß es verstehen, das Mitleid für Richard III. zu erwecken. Hat Sie je ein Richard schon gerührt? Nun sehen Sie, das muß anders werden.] Vor allem aber muß man lernen, die Liebe in der Kunst und auf der Bühne anders aufzufassen. Die Liebe ist ein pathologischer Zustand, sie macht den Menschen, den sie befällt, minderwerthig, sie gehört wie jede Krankheit, die den Menschen schwächt, zu den Feinden, die man bekämpfen muß! Ich sage es immer: Fort mit der Allein-

---

*) Otto, Bolz, Wiesner,   Zirm, Mathilde, Hans.

herrschaft der Liebe auf den Brettern; wir wollen Männer=
schicksale sehen, nicht Heirathsgeschichten! Die Rolle des Lieb=
habers ist ausgespielt!

Bolz (mit den Armen herumfuchtelnd.) Erlauben Sie —
da muß ich doch bitten — ein Theater ohne Liebhaber ist
ja wie die Welt ohne Sonne! — Ohne Liebhaber —

Otto. Ausgespielt sage ich! Ein künftiges Jahrhundert
wird unsere Zeit belächeln, die einer Kinderkrankheit — das
ist die Liebe — so viel Augenmerk zuwandte. Ich wieder=
hole es: Die Liebe ist eine Erfindung des Weibes, wir
müssen uns vom Weib befreien —

Willy (aus der Küche). Doktorchen, Sie müssen noch
den Salat anmachen, aber schnell, wenn ich bitten darf.

Wiesner (zu Bolz). Ich habe Respekt vor jeder Ansicht,
falls sie sich begründen läßt. Nur über Gründe läßt sich
streiten, nicht über Ansichten!

Willy (wie oben). Sie sind heute von einer Saum=
seligkeit!

Otto. Entschuldigen Sie, meine Herrn, nur einen
Augenblick! Da bin ich schon! (Ab ins Haus).

Bolz. Ich hoffe meine Gnädigste, Sie erweisen uns
mit Ihrem Herrn Gemahl die Ehre, an unserem Male theil=
zunehmen.

Zirm. Sie müssen nämlich wissen, daß wir hier
unsere eigene Küchenverwaltung haben. Ein liebenswürdiger
Sommergast und Kollege, eine Köchin aus Ueberzeugung
und Leidenschaft steht dem Wirth zur Seite und macht unser
Mahl mit ihrer Kunst genießbar.

Wiesner (zu Bolz). Ich weiß wirklich nicht, ob wir
Ihre Gastfreundschaft in Anspruch nehmen dürfen.

Bolz. Thun Sie es nur, wenn Ihnen Ihr Magen
lieb ist. Fräulein Anna kocht meisterhaft.

Wiesner. Fräulein Anna scheint ja ein Frauenzimmer zu sein, das allgemeine Verehrung verdient.
Bolz. Da ist sie.

---

10. Scene.*)

Vorige, Anna, Willy, Otto.

Anna (mit der Suppenschüssel auftretend). Zu Tisch, zu Tisch!

Bolz (vorstellend). Herr und Frau von Wiesner, Fräulein Anna Rellstab, unsere gefeierte Diva!

Hans. Die beste Elsa.

Anna (spricht mit Wiesner). Die stolz darauf ist, wenn man ihre Kochkunst lobt, (setzt die Schüssel auf den Tisch No. 2).

Zirm (im Gespräch mit Mathilde). Kraft muß der Mann haben. Das ist seine verfluchte Pflicht und Schuldigkeit. Meine Muskeln sind wie Stahl! Darf ich Sie mit einer Hand aufheben?

Mathilde. Ich danke. Ich glaube Ihnen ohne Beweis. Aber ich gestehe Ihnen, ich liebe kraftvolle Männer sehr.

Zirm. Sie ist göttlich.

Willy (an Otto vorüber.) Wenn Sie fortwährend die fremde Dame anstarren, werden Sie etwas von mir erleben!

Wiesner (zu Anna). Mein Fräulein, ich hätte nie gedacht, in einer so großen Künstlerin ein so einfaches, in ihrer Einfachheit entzückendes Weib zu finden.

                            Bolz,
         Anna,   Wiesner,
  Otto   Hans, Mathilde,
Willy,
                                    Zirm.

Anna. Das ist das erste Compliment, das mir wirklich Freude macht! (Sie geht mit Wiesner an den Eßtisch im Hintergrund).

(Bolz vorne links sieht eifrig in einen Taschenspiegel).

Hans (auf Mathildens anderer Seite). Darf ich Sie zu Tische führen?

Mathilde. So förmlich?

Hans. Ich muß hinter Form und Etiquette meine Gefühle verbergen.

Mathilde. Ach, Sie haben Gefühle! Erzählen Sie mir doch davon. Ich liebe gefühlvolle Männer sehr.

Hans (für sich). Einfach überwältigend!

Otto. Die Suppe wird ja kalt!

(Mathilde hat den einen Arm Hans gereicht, den andern Zirm, Bolz tritt ihnen entgegen und will ihr auch seinen Arm reichen).

Mathilde. Ich habe leider keinen dritten Arm! (Sie gehen vorüber).

Bolz (vorn allein zurückbleibend). Sie ahnt mich nicht!

Der Vorhang fällt.

Zweiter Aufzug.

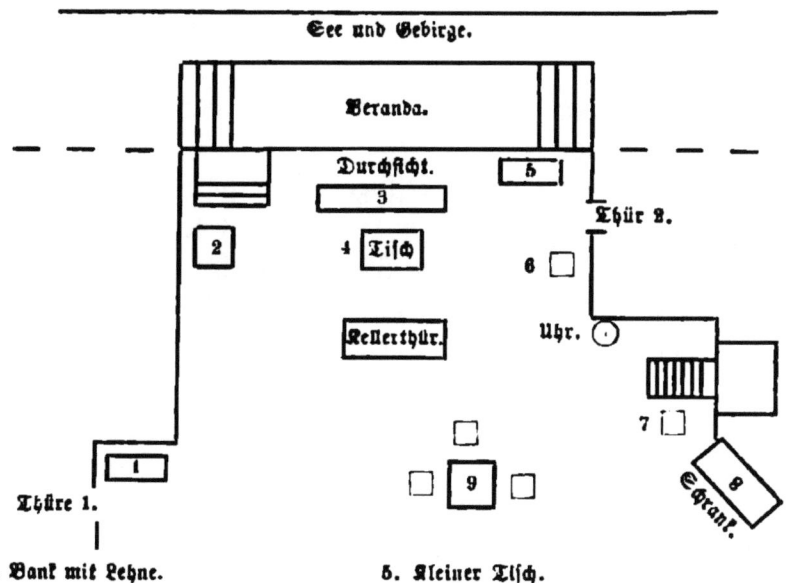

1. Bank mit Lehne.
2. Rothes altes Pult.
3. Bank mit Lehne.
4. Großer Tisch.
5. Kleiner Tisch.
6.
7. } Eichenholz Tabourets.
8. Rother Kleiderschrank.
9. Tisch.

(Bei Bolz. Bäuerisch eingerichtete Stube; im Hintergrunde Veranda, die auf den See geht. Links und rechts je eine Thüre. Rechts vorne Treppe, die in's erste Stockwerk führt. Im Hintergrund ein großer Eßtisch. An den Wänden Waffen, Netze, Ruder, Geweihe ꝛc. In der Mitte der Bühne eine Fallthür, die in den Keller führt.)

1. Scene.

Otto. Willy (räumt auf und stäubt ab)

Willy. Was, Sie wollen sich noch entschuldigen? Als ob ich keine Augen im Kopfe hätte! Und noch dazu zwei Augen, die viel schöner sind als die der Frau von Wiesner. Ja, mein Herr!

Otto. Wie oft habe ich Ihre Augen besungen!

Willy. Jetzt besingen Sie die Augen der Frau von Wiesner.

Otto. Ich schwöre Ihnen, ich habe mit keinem Wort, mit keiner Zeile —

Willy. Innerlich besingen Sie sie. Glauben Sie, ich kann in Ihrem elenden Herzen nicht lesen? Glauben Sie, ich weiß nicht, was in Ihnen vorgeht? Glauben Sie, ich ahne nicht, was Sie sich wünschen? Glauben Sie, ich errathe nicht, wie Sie mich betrügen —

Otto. Erlauben Sie —

Willy. Ich erlaube nicht. Man betrügt, wenn man einer Dame zu verstehen giebt, sie bezaubere Einen, und dabei sich von einer anderen bezaubern läßt. Haben Sie mir gesagt, gebeichtet, gestanden, geschworen, daß ich Sie bezaubere? Ja oder nein?

Otto. Ja! Und ich wiederhole es —

Willy (schiebt ein Tabouret an den Schrank, steigt hinauf und stäubt ab.) Unnöthig, denn ich glaube Ihnen nichts mehr. Gar nichts mehr. Gehen Sie doch zu Frau von Wiesner! Vielleicht findet dort Ihre Huldigung besseren Anwerth. O, diese Frau von Wiesner! (herunterspringend). Vergiften könnt ich sie! Natürlich, weil sie verheirathet ist, laufen ihr alle Herren nach! Bis ich einmal verheirathet bin, werden auch alle hinter mir her sein — ich werde ihnen aber eine lange Nase drehen — so!

Otto. Möchten Sie mir nicht in Ruhe und in friedlichem Tone sagen, was ich eigentlich gethan habe, um so Ihren Zorn zu verdienen?

Willy. Ruhe? In friedlichem Tone? Mehr wünschen Sie nicht? Sie sind aber naiv! Was Sie gethan haben? Ja, Mensch, wissen Sie denn nicht, daß Sie von Frau von Wiesner träumen, daß Sie dieser Dame in geradezu unverschämter Weise den Hof machen möchten?

Otto. Da muß ich denn doch protestiren! Ich habe mit Frau von Wiesner noch nicht zehn Worte gesprochen.

Willy. Aber angeschaut haben Sie sie. (Ihm nach- ahmend). So! Und geseufzt haben Sie — ich habe es ganz deutlich gehört.

Otto. Der Seufzer galt Ihnen.

Willy. Das ist nicht wahr! Was sollte ich mit Ihrem Seufzer machen?

Otto. In Ihre Mappe legen zu meinen Gedichten.

Willy. Und heute sind Sie nur gekommen, weil Sie wissen, daß Frau von Wiesner herkommt.

Otto. Da reißt mir denn doch die Geduld —

Willy. Ja, so recht, werden Sie noch brutal zu mir!

Otto. Ihr Bruder hat mich doch eingeladen, wie er Herrn und Frau von Wiesner eingeladen hat und den Rechtsanwalt Probst und Zirm und Fräulein Rellstab. Und dann, auch wenn er mich nicht eingeladen hätte, ich komme doch jeden Tag zu Ihnen, ich bin doch nur Ihret= wegen hier. Das müssen Sie ja wissen. Warum quälen Sie mich denn mit Ihrer ganz unbegründeten Eifersucht?

Willy. Ach, das ist mir neu! Eifersucht? Ja, mein werther Herr, was bilden Sie sich denn ein? Glauben Sie am Ende gar, daß ich mir was aus Ihnen mache? Sie scheinen die Kühnheit zu haben, das anzunehmen, da Sie von Eifersucht sprechen. Schlagen Sie sich das nur geschwind aus dem Kopfe. Sie sind mir absolut gleich= giltig. Verstanden?

Otto. Hören Sie mich doch nur an!

Willy. Ich thue ja nichts anderes! Aber wenn

Sie glauben, daß Sie mich mit Ihren Reden herumkriegen können, so irren Sie, mein guter Herr.

Otto. Wenn ich Ihnen nur sagen könnte —

Willy. Lassen Sie mich doch zu Worte kommen! Wenn Sie glauben, daß ich Entschuldigungen annehme oder den zerknirschten Ausdruck Ihrer Reue, so irren Sie, mein lieber Herr.

Otto. Ich bitte Sie, Willy —

Willy. Wir sind fertig mit einander. Ich will von Ihnen nichts hören, nichts wissen. Ich überlasse Sie, mein junger Herr, mit Haut und Haar der Frau von Wiesner.

Otto. Sie bringen mich zur Verzweiflung. Lassen Sie doch die Frau von Wiesner in Ruhe.

Willy. Natürlich! Vertheidigen müssen Sie sie auch noch!

Bolz (von außen). Willy, war der Briefträger noch nicht da?

Willy. Nein, Franz, noch nicht! (zu Otto). Der Bruder kommt aus dem Bad und wird uns hier stören. Kommen Sie, ich habe noch mit Ihnen zu reden. Wenn Sie sich etwa einbilden, schon von mir erlöst zu sein, so irren Sie, Herr Doktor. Jetzt will ich Ihnen erst sagen, was ich überhaupt von Ihnen denke.

Otto. Glauben Sie mir —

Willy. Still! Ich will reden! (Beide ab.)

2. Scene.

Bolz (tritt auf, vom See kommend, er trägt lichte Hose, Ruderhemd, darüber einen gestreiften Badcmantel. Er ist frisch rasirt.)

Bolz. Ich habe gestern in die Stadt um Cravatten depeschirt, und nun ist das Packet noch nicht da! Aber der Briefträger muß damit jeden Augenblick kommen. So, alter Bolz, jetzt mach' Dich schön; wir müssen unwiderstehlich sein! Rasirt bin ich schon — es war bereits höchste Zeit — gebadet hab' ich auch, jetzt heißt es, kunstvoll Toilette machen! (Er öffnet den Schrank.) Nein, nichts Städtisches! Mein neuer Smoking mit dem Sammetkragen ist zwar sehr schön — aber nein, das geht entschieden nicht. Paßt nicht zum Hintergrund. Weißer Flanell?! Ich glaube, der steht mir nicht sonderlich. Das lichtbraune Jaquet? Nein, das ist zu elegant. Ich darf sie nicht einschüchtern. — — Wenn ich nur wüßte, wie dieser kleine Käfer zu nehmen ist?! Was bei ihr verfängt?! Die große Scene? Sie, meine Gnädige, sind die Leidenschaft meines Lebens — da muß ich dazu Umlegkragen und fliegende Cravatte nehmen — mit einem Wort der Gnade entscheiden Sie über mein Schicksal! Variationen über das Tödten: ich tödte mich, ich tödte den Mann, ich tödte Sie, ich tödte uns Beide u. s. w. Nein! Das tragische Motiv muß ich mir als letzten Trumpf aufbewahren. Damit anfangen, wäre hier ganz falsch. Ich kenne das! Also vielleicht so: „Seien wir gute Kameraden! Topp, schlagen Sie ein!" Kräftig das Händchen schütteln, dann sie anschauen, ein bischen Wehmuth auf der Stirne, die Stimme leise umflort, „einem Kameraden soll man Alles sagen — o, wenn Sie wüßten!! . . . ." Ja, das ist's! So komme ich vorwärts. Das ist in diesem Fall der richtige Weg, etwas langwierig zwar, aber sicher. Dazu paßt —

heller oder dunkler Anzug? Ich glaube, grüner Loden wird das beste sein. Etwas derbes muß man dabei im Aussehen haben (Er nimmt den Anzug aus dem Schrank, räumt die anderen wieder ein.) Ja, wenn wir jetzt in der Stadt wären! Da wüßte ich genau, wie man diese Libelle ins Netz bekommt. Ich sage ihr: An Sie denke ich immer, wenn ich spiele, ich spiele nur für Sie! Ich muß Sie sehen können, wenn ich auftrete. Und wenn sie dann im Theater sitzt und ich weiß, daß sie mich sieht, so bleibe ich, den Blick starr auf sie gerichtet, den Mund halb ge= öffnet, mit dem Ausdruck des verlorenen Entzücktseins, plötzlich mitten in meiner Rede stecken — nur ein paar Sekunden; das Publikum merkt es gar nicht — aber sie — sie merkt es — und in diesen paar Sekunden habe ich sie erobert, habe ich in ihren er= schrockenen Augen gelesen, was ich will. Das Mittel versagt nie!] — Also bleiben wir beim grünen Loden. (Er nimmt den Anzug über den Arm und will nach links abgehen; man klopft.) Das sind endlich die Cravatten! Herein!

3. Scene.

Bolz. Mathilde.

Bolz (rasch nach links hinter die Thüre flüchtend). Oh, meine Gnädigste —

Mathilde. Ich störe Sie —

Bolz. Niemals! Aber ich bitte Sie, mich nur einen Augenblick zu entschuldigen.

Mathilde. Nein, wie Sie aussehen!

Bolz (für sich). Ich bringe mich um mein ganzes Prestige!

Mathilde. Romeo im Badeinantel. (Auf den offenen Schrank zeigend). Die Coulissen eines Liebhabers!

Bolz. Für Sie das Alles! (aus dem Zimmer sprechend, dessen Thür offen bleibt).

Mathilde. Für mich —?!

Bolz. Das heißt — Sie haben mich ganz verwirrt — Sie haben mich gerade überrascht, als ich im Begriff stand, meinem äußeren Menschen jenen Glanz zu geben, den Ihre Gegenwart erheischt. Gestatten Sie, daß ich ihn vollende. (Da Mathilde sich entfernen will.) Gehen Sie nicht fort, meine Gnädigste! Ich habe den Augenblick ersehnt, der mich mit Ihnen allein zusammenführt. Rauben Sie mir ihn nicht!

Mathilde. (für sich.) Auch er!

Bolz (im Zimmer). Wo ist Ihr Herr Gemahl?

Mathilde. Er kommt mit Fräulein Rellstab nach. Sie hatten so wichtig mit einander zu reden, daß ich mich überflüssig fühlte und vorausging.

Bolz (halb in der Thür erscheinend; für sich). Eine bequeme Frau! (Laut). Sind Sie nicht eifersüchtig?

Mathilde. Ich neide Niemandem sein Vergnügen. Ich hasse Alles, was Einem das Leben verbittert.

Bolz (angekleidet herauskommend; er ist in seinem Anzug und Auftreten überelegant). Dann lieben Sie auch, was das Leben versüßt. O, wie glücklich müßte der Mann sein, der Ihnen zum Honig werden könnte, werden dürfte!

Mathilde. Nicht wahr, und Sie haben furchtbare Lust, als Honig genommen und auf das Brod des Alltags gestrichen zu werden?

Bolz. Streichen Sie!

Mathilde. Wie soll ich denn das machen?

Bolz. Indem Sie gestatten, daß ich meine Verehrung zu Ihren entzückend kleinen Füßen niederlege.

Mathilde. Ach bitte, nicht niederknien! Ich weiß dann nicht, wie ich Sie aufheben soll.

Bolz (sich auf ein Knie niederlassend). Der Geist der Gnade wird es Ihnen sagen!

Mathilde. Welcher Gnade? Sie haben doch nichts gethan, was Sie einer Begnadigung bedürftig macht.

Bolz (im Feuer). O, Sie müssen wissen, was mich durchwogt, welche Gedanken mein Herz durchziehen, was ich Ihnen sagen möchte —

Mathilde. Bitte, sagen Sie es mir nur, denn ich kann es mir gar nicht denken.

Bolz. Seien Sie nicht hart!

Mathilde. Ich bin nur dumm, denn ich begreife nicht gut, was Sie von mir wollen. Ja, wenn ich ein junges Mädchen wäre, könnte ich mir am Ende einbilden, Sie hätten eine Liebeserklärung auf dem Herzen. Aber ich bin kein Mädchen, ich bin eine Frau.

Bolz (aufstehend). Um so besser!

Mathilde. Wie meinen Sie?

Bolz. Die wahre Liebe, die wahre Huldigung bringt man nur der Frau. Die Frau ist das vollendete Weib. Das Mädchen ist nur ein Durchgangsstadium, ein Raupenzustand —

Mathilde. Ich danke sehr!

Bolz. Am Hochzeitstage verpuppt sich die Raupe. Sie spinnt sich ein in den Gedanken, ihr ganzes ferneres Leben nur den Pflichten der Ehe zu leben u. s. w. Aber die Abgeschlossenheit von der Welt dauert gottlob nicht lange. Bald sprengt das junge Weiblein die Puppenhülle des Vorurtheils und fliegt heraus, ein glänzender Schmetterling, der auf Blumenkelchen tanzt und den Schimmer seiner Flügel den armen Sterblichen leuchten läßt.

Mathilde. Und Sie glauben, ich sei solch ein Schmetterling, und Sie schwingen das Netz ihrer Beredsamkeit über mir. Nicht wahr, so ist's?

Bolz. Ja, so ist's.

Mathilde. Also — was wollen Sie eigentlich von mir?

Bolz (verblüfft). Was ich will?

Mathilde. Sie müssen doch eine ganz bestimmte Absicht mit Ihrer Beredsamkeit verfolgen. Wenn ich ein junges Mädchen wäre, so läge diese Absicht ganz nahe — ich würde mir denken, Sie wollen mich heirathen. Aber ich bin schon verheirathet und — ich weiß nun wirklich nicht, was Sie von mir wünschen. Sagen Sie es mir doch!

Bolz. Sind Sie ein Bild von Stein und nicht zu rühren? Es giebt Gefühle, die — — (Immer mehr in's Feuer kommend). O, meine Gnädige! Seitdem ich Sie gesehen habe, ist eine Wandlung in mir vorgegangen! Ja, eine Wandlung! Ich fühle Ungeahntes in meiner Brust, mein Herz schreit nach Luft, eine Sturmfluth lobernder Gefühle wälzt sich durch meine Adern, alle meine Pulse jagen — und Sie fragen mich, was das bedeutet? Sie fragen, was das für Töne sind, die an Ihr Ohr schlagen? Sie kennen nicht diese Melodie, diese ewige, berauschende, die Menschen vereinende Melodie? Denken Sie sich, ein Freund stünde vor Ihnen, ein armer, unglücklicher Freund! Ja, meine Gnädige, schenken Sie mir Ihre Freundschaft — Sie beglücken keinen Unwürdigen! Ich bitte Sie darum! Und wenn Sie mir die Freundeshand gereicht haben, dann, meine Gnädige, dann will ich Ihnen sagen: O, wenn Sie wüßten! —

Mathilde. Nun bin ich gerührt! Von Ihrer Kunst

ergriffen! Das war schön! Dieses Feuer, diese Liebens=
würdigkeit, dieser Herzenston — ich verstehe, daß alle
Mädchen von Ihnen schwärmen! Wenn ich noch ein junges
Mädchen wäre, ich glaube beinahe, ich hätte mich in diesem
Augenblick in Sie verliebt! Ach, sieh da, Herr Probst!

4. Scene.

Vorige. Hans.

Mathilde. Sie haben viel versäumt. Herr Bolz
gab mir allein, denken Sie sich, mir ganz allein, eine Probe
seiner Kunst. Aus welchem Stücke war es nur? Er war
entzückend, hinreißend! Ich danke Ihnen, Herr Bolz! Schade,
daß Herr von Wiesner nicht dabei gewesen ist!

Bolz (an ihr vorübergehend, leise). O, des grausamen
Spottes!

*) Hans (etwas mißtrauisch, rasch und leise zu Bolz). Herr
Bolz, ich will nicht hoffen —

Bolz (leise). Was denken Sie von mir!? (Laut). Ich
wollte der gnädigen Frau eben vorschlagen, eine kleine Kahn=
partie zu machen. (Fürsich) Nach Cythere!

Mathilde. Ach ja, eine Kahnpartie! Das ist eine
gute Idee.

Hans. Ich sah beim Kommen Herrn von Wiesner
und Fräulein Rellstab. Sie müssen gleich hier sein. Wollen
wir sie nicht erwarten?

Mathilde. Ach, nein, wozu? Machen wir lieber
unsere Kahnpartie. Sie freilich, Herr Bolz, werden sich für

---

*) Mathilde, Hans, Bolz.

verpflichtet halten, Ihre Gäste zu erwarten. Wie schade, daß Sie nicht auch mit können!

Bolz (für sich.) Das nenn' ich deutlich! (Laut). Ich will mir wenigstens das Vergnügen machen, Sie zum Boot zu geleiten.

Mathilde. Können Sie rudern, Herr Rechtsanwalt?

Hans. Können Sie steuern, meine Gnädigste?

Mathilde. Sie sollen meine Kunst im Steuern noch bewundern.

(Mathilde und Hans gehen zur Veranda).

Bolz (für sich, etwas zurückbleibend). Mir scheint, der Herr Rechtsanwalt will den Prozeß gewinnen, den ich eben verloren habe. Ich habe mich in ihr getäuscht! Ja, ja, der Geschmack des Publikums wird immer schlechter. (Er folgt Mathilde und Hans. Alle drei links Hintergrund ab.)

5. Scene.

Wiesner, Anna, (treten auf von rechts, Veranda.)

Anna. War das nicht Ihre kleine Frau, die dort mit dem Rechtsanwalt um die Ecke lief?

Wiesner (still vor sich hinlachend). Meine Frau: (Laut.) Lassen Sie doch! Jugend will austoben. Für mich freilich ist das Laufen nichts mehr.

Anna. O, ich kenne diese gewisse Koketterie der Männer, die sich gerne für Greise ausgeben, damit man ihre Rüstigkeit lobe. Ich hätte sie Ihnen nicht zugetraut, d. h. die Koketterie natürlich.

Wiesner. Sie liegt mir auch ferne. Aber wenn ich auch kein alter Mann bin, was Jugend heißt, liegt längst hinter mir.

Anna. Und ich stehe auf dem Punkte, gerade davon Abschied zu nehmen. Es fällt mir wahrhaftig schwer. Aber ich bin nun einmal eine energische Person. Ich sage mir: Anna, von heute ab bist Du auf dem Wege des Altwerdens. Und ich werde tapfer diesen Weg gehen, so lang ich kann.

Wiesner. Kunst kennt kein Alter.

Anna. Ich rede auch nicht von der Künstlerin, sondern nur von dem ganz gewöhnlichen Menschenkinde, das ich nebenbei bin. Und dieses Menschenkind haßt die Schminke und will die Runzeln und Falten, die da kommen werden, ehrlich tragen. Hu, wie werd' ich häßlich sein!

Wiesner. Ich könnte Ihnen jetzt den Vorwurf der Koketterie, den Sie mir vorhin machten, mit Zinsen zurückgeben. Aber ich glaube, wir sind zwei Menschen, die die Complimente, die sie einander zu machen haben, für sich behalten dürfen. Und sehen Sie, mein Fräulein, ein solches Compliment, das nicht über die Lippen kommt, das eine Blutwelle der andern anvertraut, wenn sie sich an der Pforte des Herzens begegnen, hat tieferen Werth als die vollendetste Artigkeit, die wir einander sagen könnten.

Anna. Ich ziehe eine herzliche Grobheit der schönsten Artigkeit vor.

(Beide sitzen rechts.)

Wiesner. Möchten Sie mir nicht das Beispiel einer solchen geben — indem Sie mir etwa sagen, was Sie sich in Ihrem Innersten von mir denken.

Anna. Soll ich offen sein? Ich halte Sie für einen braven Künstler, so wie ich eine brave Künstlerin bin. Und man kann nicht rechtschaffen in seiner Kunst sein, wenn man nicht rechtschaffen als Mensch ist. Ich halte Sie aber auch für einen jener Männer, die sich gerne anders geben, als sie sind, hauptsächlich sich selbst gegenüber. So reden sich zuweilen Verschwender ein, sie seien sparsam; andere thun sich Gott weiß was zu Gute auf ihr strenges Hagestolz= thum und wären froh und selig, ein gutes Weib zu finden.

Wiesner. Ein Weib wie Sie!

Anna. Lassen Sie nur mich aus dem Spiele. Ich passe nicht zu jedem Mann, der sich einbildet, er könnte mein Mann sein. Bis jetzt hat man immer nur die Künstlerin heirathen wollen, und die hat im Namen des Weibes bis jetzt nichts als Körbe ausgetheilt. Doch glaube ich, würde ich eine gute Hausfrau abgeben. Aber nicht für Jemand, der sich in meine Triller und Passagen verliebt hat.

Wiesner. Ich muß zu meiner Schande gestehen, ich habe Sie noch nie singen gehört.

Anna. Aber Sie wissen, wie ich koche. Das ist mir lieber. Und ich gestehe Ihnen dafür, daß ich noch nichts von Ihnen gelesen habe.

Wiesner. Aber Sie wissen, wie ich von der Kunst denke. Auch das ist mir lieber. Denn ich gehöre leider zu denen, deren Kraft nicht an ihren Willen hinreicht. Lassen Sie mich für Sie nur Wiesner sein, nicht Nervis.

Anna. Doch möchte ich jetzt gerne von Ihnen lesen. Ich muß mich schämen, keines Ihrer Werke zu kennen.

Wiesner. Sehen Sie, liebes Fräulein, als ich jung war — und ich war einmal sehr jung! — da glaubte ich, mit meinen Büchern die Welt ändern, die Menschen bessern, die Zukunft vorbereiten zu können. Da meinte ich, jeder Leser müßte von der Flamme meines Herzens ergriffen, von dem Zaubermantel meiner Gedanken emporgetragen werden! Diese Träume sind verflogen. Ich habe schwere Stunden der Selbsterkenntniß durchgemacht! Mein Streben blieb das gleiche, aber der Glaube schwand, daß ich berufen sei, der

Welt eine Botschaft zu bringen. Ich hab' mich endlich in mein Schicksal ergeben. Ich will nicht mehr sein, als ich sein kann. Aber manchmal kommt so eine Welle aus alter Zeit herangerollt. Ich möchte, daß, wenn Sie meine Bücher lesen — (Er stockt.)

Anna. Ich werde die Flamme darin finden und mich von Ihren Gedanken in die Lüfte führen lassen.

Wiesner (aufspringend). Wirklich und wahrhaftig?

Anna (aufstehend). Ich sage nichts, was ich nicht fühle.

(Sie reicht ihm die Hand, die er mit Wärme ergreift.)

---

6. Scene.

Vorige. Bolz (links von der Veranda kommend).

Bolz. Meine Herrschaften, entschuldigen Sie, daß ich erst jetzt zu Ihrem Empfang herbeieile. Ich heiße Sie unter meinem schlichten Dache willkommen!

(Begrüßung.)

Wiesner. Mathilde ist schon hier, nicht wahr?

Bolz. Die gnädige Frau rudert mit dem Herrn Rechtsanwalt auf dem See.

Anna (nach rückwärts gehend). Dort seh' ich das Boot!

Wiesner (vorne, für sich). Ich glaube fast, das Spiel gelingt der kleinen Hexe. Ich hätte nie gedacht, daß sie solches Talent zur Komödiantin hat. Aber mit Komödie wollen ja die Männer gefangen werden. (Unwillkürlich laut werdend.) Heirathen ist allemal eine Dummheit.

Bolz (der den letzten Satz gehört hat, für sich, hinauszeigend). Der Arme! Ihm schwant etwas!

(Anna und Bolz kommen vor.)

*) Anna. Das dürfen Sie nicht sagen. Mathilde scheint mir eine Frau, die ihren Mann glücklich macht.

Wiesner. Ach, wenn Sie wüßten —

Anna (ihm die Hand gebend, mitleidig). Ein Unrecht ist bald gesagt —

Bolz (für sich). Ich glaube, das ist ein Herr, der die Sache elegisch nimmt. (Laut.) Darf ich Ihnen meine kleine Behausung zeigen? Das hier ist die gute Stube. Alles echt. Hier bin ich ein Bauer, wie Sie wissen. Natur! Hier (auf die Fallthür zeigend) habe ich meinen Keller angelegt! Hier ist mein Zimmer (nach links zeigend) — hier das Zimmer meiner Schwester, hier oben sind drei kleine Dachzimmer, die ich durchreisenden Freunden anzubieten pflege. Hinter dem Hause ist der Gemüsegarten; das Hüttchen dort ist mein Badehäuschen. Ich heiße Franz. So nenne ich es mein Franzensbad. Meine künftige Frau muß unbedingt Marie heißen, damit ich ein Marienbad errichten kann.

Anna. Sie denken auch an's Heirathen?

Bolz. O nein! Ich mache zu böse Erfahrungen in den Ehen Anderer. (Für sich, nachdenklich.) Ich sollte eigentlich sagen: zu gute Erfahrungen . . . .

Wiesner. Und dort der kleine Thurm?
(Alle Drei stehen auf der Veranda.)

Bolz. Das ist ein Aussichtsthurm. Man soll von dort den Dachstein sehen können. Ich war noch nicht so glücklich. Aber kommen Sie nur, es ist immerhin ein sehr schöner Rundblick. Und bis zum Abendbrod haben wir noch Zeit. Aber ich mache die Herrschaften jetzt schon aufmerksam, daß ich Ihnen nur ein ganz frugales Mahl bieten kann.

---

*) Bolz, Anna, Wiesner.

Der Mittagstisch bei Köberl unter der Aegide des Fräulein Rellstab findet nirgends seinesgleichen.

Anna. Denken Sie sich, Herr Köberl hat mir sogar schon einen Antrag gemacht, ganz bei ihm zu bleiben. Als Köchin vorerst, aber Ehe ist nicht ausgeschlossen. Ich habe mir Bedenkzeit vorbehalten.

Bolz. Wie würden Sie Ihre Colleginnen um diesen sensationellen Abgang beneiden!

Wiesner (rückwärts hinauszeigend). Sehen Sie nur, Herr Bolz, dort kommt eine schwarze Wolke. Wäre es nicht gut, unseren Kahnfahrern ein Zeichen zu geben? Sonst überrascht sie noch das Wetter.

Anna. Ja, Sie haben Recht, die Wolke bringt nichts Gutes.

Bolz. Kommen Sie, wir wollen sie vom Thurm aus heimrufen. Aber die Wolke kann auch vorüberziehen.

(Anna und Wiesner gehen voraus.)

Bolz (draußen.) Willy, geh' doch in den Keller und hole den Wein herauf! (Sich noch einmal umdrehend.) Rasch nicht vom Cognac, Du verträgst ihn nicht. (Ab.)

---

7. Scene.

Willy. Otto.

Willy. Sie reden ganz nutzlos in mich hinein. Ich glaube Ihnen ja doch nicht!

Otto. Seit einer Stunde will ich Ihnen erklären —

Willy. Es läßt sich nichts erklären, und Sie wissen sehr gut, daß wir für ewig ausgesprochen haben. Zünden Sie das Licht an und begleiten Sie mich in den Keller.

(Sie hebt die Trappe auf; Otto zündet die Kerze an.)

Otto. Wenn Sie nur für einen Augenblick schweigen wollten —

Willy. Ah, Sie wollen mir Schweigen gebieten? Sie wollen mich tyrannisiren? Sie wollen mir den Mund verbinden? Ich lasse mich nicht so behandeln. Ich weiß, was ich weiß. Und dabei bleibe ich. Gehen Sie voran, und lassen Sie das Licht nicht fallen. (Otto geht hinab; Willy folgt ihm.)

Willy (indem sie nach und nach in der Treppe verschwindet.) Sie glauben, daß ich mir Alles gefallen lasse? Daß es mir gleichgiltig ist, wenn Sie der Frau von Wiesner —

Otto (von unten, unsichtbar). Schon wieder die Frau von Wiesner —

Willy (ebenfalls unten, unsichtbar). Ja und bis in alle Ewigkeit! Ich will Ihnen einmal den Standpunkt klar machen —

(Es wird dunkler).

---

8. Scene.

Hans, Mathilde (kommen von links. Im Hintergrunde sieht man über den See ein Unwetter aufziehen).

Mathilde. Es war die höchste Zeit heimzukommen. Das Wetter wird gleich da sein.

Hans. Wie herrlich müßt' es sein, mit Ihnen durch Sturm und Gewitter zu fahren!

Mathilde. Das ist eine Phrase mein Herr! Wir würden beide naß werden, und von Herrlichkeit wäre nichts zu verspüren. Lassen Sie doch die Gemsensprünge auf den Höhen Ihrer Gefühle! Können Sie nicht mit mir im gemüthlichen Thal der ruhigen Rede bleiben?

Hans. Nein, das kann ich nicht, denn —

Mathilde (auf die offen gebliebene Treppe zeigend, vor der Hans steht). Geben Sie Acht, Sie stürzen in die Tiefe!

Hans. Ich rufe, aber Sie hören nicht!

Mathilde. Ich höre Sie ganz gut, aber ich muß gestehen, ich kann Ihnen nicht folgen. Sie sehen mich, Sie lernen mich kennen, und das erste, was Sie thun, ist, mir zu huldigen, als wäre ich die Märchenkönigin aus Tripolis, auf die Sie Ihr ganzes Leben lang gewartet haben.

Hans. Schönheit ist immer die Märchenkönigin.

Mathilde. Ich weiß aber bestimmt, daß Sie durchaus nicht Ihr Leben damit verbracht haben, auf mich zu warten, daß ich durch Zufall Ihnen in den Weg geführt, Ihnen nichts anderes bedeute, als eine Zufallseroberung, die mitzunehmen Ihnen der Mühe werth erscheint.

Hans. Meine Gnädige —

Mathilde (selbes Spiel wie oben). Keinen Schritt weiter.

Hans. Wie können Sie glauben —?

Mathilde. Oder wollen Sie sich am Ende in den Kopf setzen, es wäre die große, allgewaltige Liebe, die Sie zu mir führt? Sie sind, glaube ich, zu ehrlich, um sich oder mir das vorzulügen. Sie wollen flirten, womöglich mit Erfolg, nichts weiter.

Hans. Ja, ich bin ehrlich, und weil ich das bin —

Mathilde. Will ich Ihnen einen guten Rath geben. Nehmen Sie Ihren Hut, machen Sie mir eine tiefe Verbeugung und empfehlen Sie sich. Ich bin keine Blume, die man im Vorübergehen vom Busche reißt. Uebrigens es wäre grausam, Sie jetzt fortzuschicken. Sie können meinetwegen warten, bis das Unwetter vorüber ist.

Hans. Ich werde nicht gehen. Ich will bleiben, um Ihnen zu sagen —

Mathilde (ganz nahe an Hans herantretend). Was wollen Sie mir sagen?

Hans. Daß ich kein Gaukler der Liebe bin, daß ich, wenn Sie Recht hätten, sofort, auf der Stelle, trotz des Unwetters —

(Mathilde setzt sich rechts, Hans steht vor ihr).

Mathilde. Ihre Eitelkeit hält Sie ab, mir Recht zu geben. Kein Mann verwindet es gerne, wenn man ihn auf Schmugglerwegen ertappt. Und Sie möchten Liebe schmuggeln, ohne den Zoll in echter Münze der Gefühle zu zahlen. Ich nehme aber keine Contrebande.

Hans. Und wenn ich Ihnen schwöre —

Mathilde. Bitte nicht! Wenn Sie mir jetzt schwören, daß es wirklich die echte, wahre Liebe ist, die Sie bewegt, so glauben Sie vielleicht selbst in diesem Augenblicke an die Echtheit und Reinheit Ihres Eides. Denn ich habe Ihrem Blute einen Damm entgegengesetzt, und nun hebt es das Schifflein Ihrer Wünsche in die hohe Region der Liebe. Aber täuschen Sie sich nicht — wenn der Damm heute fiele, so würde die ganze Hochfluth wieder zu einem dünnen, unbedeutenden Bächlein werden. (Sie steht auf).

Hans. Sie reden Dolche — aber ich trotze Ihnen. Der heiße Lebens-Athem meines Herzens wird und muß Sie erreichen. Ich stehe auf dem festen Boden eines Gefühls, das mich ergriffen hat, ergriffen mit ganzer Gewalt.

Mathilde (Spiel wie oben). Geben Sie acht, daß Sie nicht fallen!

Hans. Sie wollen sich selbst mit Ihren Worten vertheidigen. Sie wollen es sich nicht eingestehen, daß Sie mir doch glauben, daß Sie mich in Ihrem Innersten nicht für den Taschenspieler der Liebe halten, als den Sie mich hinstellen.

Mathilde. Ich habe es nicht nöthig, mich zu vertheidigen. Ich bin meiner sicher. Ich glaube Ihnen nicht, weil Sie mir für Ihre Liebe keinen Beweis geben können. Ich halte Sie für keinen Komödianten der Liebe, sondern blos für einen ihrer geschickten Vortänzer. Für mich ist aber die Liebe mehr als eine kunstvoll getanzte Quadrille, oder ein toll gewirbelter Walzer. Für mich ist — oder wäre die Liebe — Alles!

Hans. Sie wäre Alles! Dann also kennen Sie sie noch nicht! Dann also —

Mathilde. Zeigen Sie mir die Liebe, groß, gewaltig, alles niederwerfend, jedes Hinderniß besiegend, die Liebe ohne Worte aber mit der lösenden That, und ich wäre die Erste, die jubeln würde und sagen: ja, das ist die Liebe! Wenn Sie aber das nicht können — und, mein Herr, Sie können es nicht — so trennen wir uns. Sie gehen rechts und ich links. Sie werden bald ihr mißlungenes Abenteuer vergessen haben.

Hans. Nie könnt' ich Sie vergessen! Aber Sie irren, wenn Sie glauben, daß ich entmuthigt den Kampf aufgebe. Jetzt erst fühle ich, daß ich kämpfen muß. Es geht um mein Höchstes.

Mathilde. Und das ist?

Hans. Sie fragen noch!

―――――

9. Scene.

Die Vorigen. (Aus der Treppe tauchen) Willy (und gleich darauf) Otto (empor; Willy trägt Weinflaschen, Otto das Licht).

Willy (nach rückwärts in die Tiefe sprechend). Ob ich Ihnen verzeihen kann? Wenn Sie mich sehr schön darum bitten, vielleicht. Dann werde ich mich bemühen, Alles zu vergessen, was Sie mir heute in Ihrer rücksichtslosen Weise gesagt haben! (Sie tritt auf und erblickt Mathilde). O, das ist schön, daß Sie hier sind! Ich hatte mich schon so auf Ihr Kommen gefreut.

Otto (für sich). Ich weiß davon ein Lied zu singen!

Willy (sehr liebenswürdig). Bitte, lieber Herr Doktor, stellen Sie die Flaschen auf den Tisch!
(Otto stellt die Flaschen hin und kommt dann zu Hans, der nachdenklich vorne stehen geblieben ist.)

Otto. Nun, Minneritter —

Hans (geärgert). Laß mich in Ruh!

Otto. Oho! Dann sitzt es tiefer!
(Es wird immer dunkler).

Willy. Jetzt muß ich den Tisch decken!

Mathilde. Darf ich dabei helfen?
(Es blitzt.)

Willy. Wie lieb Sie sind! Wollen Sie mir eine große Freude machen? Geben Sie mir einen Kuß und sagen wir uns Du!

Mathilde. Aber mit Vergnügen!
(Sie umarmen sich).
(Ferner Donner).

Otto (zusehend, vorne für sich). Nein, so falsch kann doch ein Mann nicht sein! Und dabei mir eingestehen zu müssen, daß ich dieses falsche Krötlein liebe! [So ein Männerherz ist doch ein schwaches, erbarmungswürdiges Ding. Was nützen mir alle meine Grundsätze und Gedanken! Der kleine Teufel bläst sie über den Haufen.]

10. Scene.

Vorige, Bolz, Wiesner, Anna; (draußen wird es immer dunkler. Vereinzelte Blitze, ferner Donner).

Wiesner. Da sind ja die Seefahrer! Wir waren schon in Sorge um Euch!

Mathilde (zu Hans hinübersehend). Der Herr Rechtsanwalt machte mich auf das drohende Wetter aufmerksam, und wir sind rasch heimgekehrt — lang vor der Gefahr.

Anna (zu Willy und Mathilde). Darf ich helfen? (Die drei Damen decken geschäftig den Tisch, gehen ab und zu, bringen Schüsseln x.)

Wiesner (an das Pult links tretend). Will doch sehen, ob sich nicht am Ende ein Buch von Walther Nervis hierher verirrt hat!

Bolz (zu Hans, auf Mathilde deutend). Ein famoses Frauenzimmer!

Hans (vom Tone verletzt). Gewiß! (Geht nach rückwärts.)

Bolz (zu Otto). Was hat denn der Rechtsanwalt?

Otto. „Lieb im Leibe!"

Bolz. Aber es scheint, daß er damit nicht sehr glücklich ist. Mindestens macht er ein Gesicht —

Otto. Ach was! Man muß die Sache nur anzupacken verstehen! Es gehört eine eigene Kunst dazu, mit den Weibern fertig zu werden. Wehe dem Mann, der diese Kunst nicht besitzt! Aber schließlich liegt das Glück des Weibes doch darin, daß wir die Oberhand gewinnen und sie beherrschen.

Bolz. Ich bin nicht groß in der Theorie. Aber bis Sie einmal verheirathet sein werden, können Sie mir das praktisch demonstriren. Ich lerne immer gerne. (Geht zum Tische.)

Wiesner (von den Büchern weggehend). Nervis ist in diesem Hause nicht vertreten.

Bolz. Meine Herrschaften, der Tisch ist gedeckt — durch Feenhände, wie Sie sehen. Das heißt, Sie sehen nichts. Es ist ja stockfinster geworden! Willy, bring doch Licht! (Willy bringt aus dem Zimmer rechts drei Kerzen, die sie auf den Tisch stellt. Alle sitzen).
(Zirm kommt, einen großen rothen Regenschirm in der Hand von rechts über die Veranda).

11. Scene.

Vorige, Zirm. (Draußen beginnt es furchtbar zu regnen).

Zirm (auf der Veranda). Guten Abend allerseits! Ist noch ein Platz für mich da? (Allgemeine Begrüßung).

Bolz. Aber natürlich! Setzt Euch nur! Hat Sie der Regen erwischt?

Zirm (eintretend). Leider nein! Ich kenne nichts Schöneres als im Regen spazieren zu gehen! (Er sitzt neben Mathilde).*)

Mathilde. Wozu tragen Sie dann einen Regenschirm?

Zirm. Um ihn den Damen anzubieten, denen ich begegne.

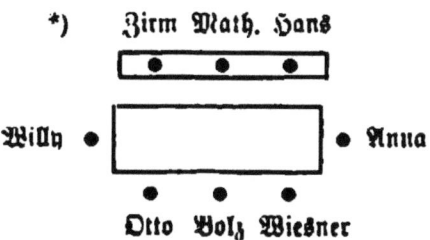

*) Zirm Math. Hans

Willy • • Anna

Otto Bolz Wiesner

Bolz (zu Anna). Nehmen Sie keine Forellen?

Zirm. Diese Fischlein erinnern mich an einen kolossalen Fang, den ich einst gethan. Als ich in Südamerika Krokodile jagte —

Hans (schlägt an sein Glas).

Bolz. Silentium!

Hans. Meine Damen, meine Herren! An diesem Tische, zu dem uns der liebenswürdige Ruf unseres Wirthes geladen hat, präsidirt die Kunst. Aber Feder und Meißel, Maske und Leier sind hier in der Sommerfrische, also incognito, wünschen nicht, durch Gruß und Preis aus ihrem Sommerschlafe geweckt zu werden. Von ihnen will ich nicht reden. Doch es giebt eine Kunst, die kein Incognito kennt und niemals schläft. Es ist die Kunst der Künste, die über allen thront, alle beherrscht, allen Stoff und Leben giebt, die Feder beschwingt, den Marmor beseelt, die Rede befeuert. Und diese Kunst ist so unfaßbar in ihrem Wesen wie das Licht und wie die Melodie, so himmlisch in ihrer Gestaltung, wie der Mensch gewordene Hauch Gottes. Es ist die Kunst des Weibes, schön zu sein und die Menschen zu beglücken. Vor dieser Kunst beugen sich alle anderen, sie mit ihren schwachen Mitteln, mit Farben, Versen, Tönen darzustellen, ist aller anderen Ziel und Absicht: Alle Kunst sei Frauenlob! Der Frau bring' ich mein Glas! (Starker Donner).

(Er stößt mit Mathilde an).

Bolz (für sich). Der Frau des Anderen!

(Alle stoßen an).

Zirm. Gut gesprochen! Ich könnte das Alles gesagt haben.

Otto. Herr des Himmels! Wie möchte ich mit meiner Feder dreinfahren, wenn ich sie jetzt da hätte. Die

Kunst darf nicht zum Frauenlob herabsinken. Die Kunst hat Wichtigeres zu thun! Die Kunst —

Willy. Ich werde mir später einmal die Freiheit nehmen, Ihre Ansichten über die Kunst zu revidiren. Später einmal, aber dann gründlich.

Otto. Aber wollen Sie nicht einstweilen mit mir anstoßen!

Willy. Nein, mit Barbaren will ich nichts zu thun haben.

Otto (beschwichtigend). Sie wissen ja, meine Tinte ist Blut, aber mein Blut ist Milch!

Bolz (geschäftig). Nehmen Sie doch ein bischen kalten Aufschnitt! — Ah, Sie haben ja garnichts auf dem Teller! — Willy, bekümmere Dich doch ein wenig um unsere Gäste und lasse einstweilen den Doktor in Ruhe. Fräulein Anna, Sie kränken mich, wenn Sie so wenig essen. Herr von Wiesner, bitte, reichen Sie Ihrer Nachbarin die Schüssel. Gnädige Frau, ich freue mich, daß Sie Appetit haben. (Zu Zirm). Sie trinken ja garnicht!

Zirm. Ich fange erst an! Und wenn ich erst einmal angefangen habe —

Mathilde (klopft an ihr Glas).

Bolz. Silentium!

Mathilde. Meine Herren, meine Damen! In unserer Zeit der Frauenrechte darf es Sie nicht Wunder nehmen, wenn wir auch das Recht der Tischredefreiheit für uns in Anspruch nehmen. Auf dieses Recht stütze ich mich! Ich möchte dem Herrn Vorredner mit unserem besten Danke auch einige Worte der Erwiderung sagen. Alle Kunst diene der Frau, alle Künstler loben das Weib — so sagt er. Das klingt schön und gut, und wir kämen fast in Versuchung, stolz zu werden. Davor aber möchte ich warnen. Denn es giebt manchen Dienst und manches Lob, das die Frau nicht ehrt und das Weib nicht schmückt. Fälscherkunst hat Frauenlob entwerthet. Man kredenzt uns süßen Wein in goldenem Pokale. Aber der Wein ist getauft, und das Gold des Gefäßes hält keine Probe aus. Man glaubt, daß Frauenlob leichte Münze sei, die man gnädig mit voller Hand ausstreuen könne. Wahres Frauenlob ist ein kostbares Juwel, das man in seinem Leben nur Einer schenken kann. Diese Eine aber weiß seinen Werth zu schätzen und giebt dem Geber dafür ihr Bestes: Auf Frauenlob antwortet Frauenliebe! (Donnerschlag).

Birm. Famos! Dem Rechtsanwalt hat der Staatsanwalt geantwortet!

Otto. Wollen Sie denn wirklich nicht mit mir anstoßen?

Willy (schmollend). Auf was denn?

Otto. Sagen wir: Auf das Wohl der künftigen Frau Doktor Otto Brandl.

Willy. Und wenn ich darauf nicht anstoße?

Otto. Wird es nie eine Frau Doktor Otto Brandl geben.

Willy. Anstoßen verpflichtet ja zu nichts. — Aber revidirt wird doch! Warten Sie nur!

(Sie trinken).

Wiesner (zu Anna). Ich weiß nicht, wie Sie über die Liebe denken —

Anna. Man denkt nicht drüber. Man erlebt sie oder erlebt sie nicht.

Wiesner. Wollen Sie also auf das Glück des Erlebens mit mir anstoßen?

(Sie stoßen an).

Hans (zu Mathilde). Kommt auf ehrliches Lob immer ehrliche Liebe zur Antwort?

Mathilde. Auf ehrliches Lob — fast immer!

(Sie stoßen an).

Otto. Wie oft habe ich in meinem Leben schon umsonst ehrlich gelobt!

Anna. Darf ich in dieses poetische Gelage ein Wort der Prosa hineinrufen?! Es wird spät, und wir müssen an den Heimweg denken.

(Alle erheben sich und kommen nach und nach nach vorn.)

Bolz. Nichts da vom Heimweg. Sie werden doch in diesem Gußregen nicht den langen Weg durch den Wald machen wollen! Ich lade die Herrschaften ein, bei mir zu übernachten.

(Willy und Anna räumen indessen den Tisch ab und kommen dann nach links vorn).

Wiesner. Aber bester Herr Bolz! —

Bolz. Sie stören uns gar nicht. Ich will Ihnen gleich den Lagerplan entwerfen. Hier links mein schönstes Zimmer wird dem Ehepaar v. Wiesner übergeben. Hier in Willy's Kemenate hat auch Fräulein Anna Platz. Nicht wahr? (Willy nickt). Oben in den drei kleinen Zimmern schlafen wir, der Herr Rechtsanwalt, Doktorchen und ich. *)

Zirm. Und was geschieht mit mir?

Bolz. Sie werden in Ihren liebgewordenen Schlafgewohnheiten gar nicht gestört. Sie schlafen im Boot. Sie sagten uns doch, das wäre Ihr liebstes Nachtquartier.

Zirm. Allerdings! Aber in diesem Falle —

Bolz. O, ein sehr schönes Boot, Vierriemer, Fahne

---

*)   Hans, Mathilde,

    Bolz,   Zirm,

Otto,   Wiesner.

in den Landesfarben, Kissen auf der Bank! Sie können damit auch im Bootshaus bleiben. Schön lustig, nach allen Seiten offen.

Mathilde (an Zirm vorüber). Das nenne ich einen besonderen Geschmack. O, ich liebe die abgehärteten Männer sehr!

Zirm (mit einem gleichsam krampfhaften Entschluß annehmend). Gewiß, ich mache mir ein besonderes Vergnügen daraus! (Für sich). Das wird eine schöne Nacht werden!

Wiesner (rasch und leise zu Mathilde). Ja, wie machen wir denn das? Wir können doch unmöglich —

Mathilde (ebenso). Aber das ist doch sehr einfach! Ich schlafe im Zimmer, und Du — bleibst hier in der Stube.*)

Wiesner. Das nennt sie sehr einfach. Auf der Bank —

Mathilde. Onkelchen, nicht böse sein! Du hast schon so viel Opfer für mich gebracht. Dieses kleine noch — ich verspreche Dir, es soll das letzte sein.

Wiesner. Was man nicht alles thun muß —

Mathilde. Still, Onkelchen — (sie schließt ihm den Mund mit der Hand).

Anna (zu Willy). Wir werden uns ganz gut einrichten; aber ich bestehe darauf, daß Du das Bett behältst. Ich nehme schon mit dem Kanapé vorlieb.

Willy. Nein, nein, nein! Das geht ganz und gar nicht!

(Otto, Bolz und Wiesner treten zusammen.)**)

*)   Bolz, Hans,
         Anna,   Zirm,
    Willy,   Mathilde,
Otto,   Wiesner.

**)   Otto,   Bolz,   Wiesner,
    Willy,   Anna,   Hans,   Zirm,   Mathilde.

Zirm (zu Mathilde). Ich weiß ein besseres Mittel als Frauenlob um Frauenliebe zu erringen. Das ist Männerkraft! Mit starken Muskeln muß man um Liebe werben. Da sehen Sie diesen Arm an! Mit dieser Faust habe ich einmal einen französischen Soldaten mitten entzwei gehauen.

Mathilde. Sie haben den Krieg mitgemacht?

Zirm. Alle Kriege!

Hans (für sich, mit verhaltenem Grimm). Wie sie radschlagen vor ihr! Und kein Recht zu haben, dreinzufahren!

Wiesner (im Gespräch mit Otto). Es ist spät. Wir reden morgen darüber weiter.

Otto. Nur radikale Grundsätze können helfen. Man muß dem Weib den Glauben nehmen, als sei sie die alleinige Spenderin der Seligkeit und hätte das Menschenglück im Monopol. Man muß den Frauen zeigen, daß man auch ohne sie fertig und glücklich werden kann.

Wiesner. Das möchte ich denn doch nicht so hinstellen!

Otto. Der Mann ist zu Höherem geboren, als zum Schemel ihrer Gnade.

Bolz. Ereifern Sie sich nicht so. Willy horcht herüber.

Otto (immer leiser werdend). Nicht Frauenrechte, Männerrechte müssen proklamirt werden. Dafür bin ich! (Er redet ganz leise weiter).

(Es ist mittlerweile Nacht geworden).

Anna. Meine Herrschaften, gute Nacht!

Zirm (auf die Uhr sehend). Teufel, es ist spät geworden!

Bolz (zuvorkommend). Ich hoffe, daß meine lieben Gäste unter meinem Dache gut schlafen werden. (Zu Mathilde). Mein Bauernhäuschen hätte es sich nie träumen lassen, so kostbares Gut zu bergen, wie Ihren Schlummer. (Geht vorüber).

Mathilde (sich von Hans verabschiedend). Gute Nacht!

Hans. Auf Wiedersehen morgen. Noch Eines, gnädige Frau! Gestatten Sie mir morgen noch eine Unterredung, ehe ich Ihrem Rathe folge?

Mathilde. Welchem Rathe?

Hans. Abzufahren.

Mathilde. Haben Sie mir noch etwas zu sagen?

Hans. Sehr viel.

Mathilde. Auf morgen also!

Zirm (zu Mathilde). Die Wellen, die heute Nacht mein Bettgestell sein werden, werden mir von Ihnen erzählen. Gute Nacht! (Ab über die Veranda links).

Bolz (ihm nachrufend). Das Bootshaus ist rechts! Angenehme Ruhe!

(Wiesner verabschiedet sich inzwischen von Anna).

Willy (zu Otto). Mir scheint gar, Sie haben Frau von Wiesner die Hand geküßt —

Otto. Ich versichere Ihnen —

Bolz (zwischen Otto und Willy tretend). Ihr zankt Euch schon, als ob Ihr weiß Gott wie lange verheirathet wäret!

Willy. Er zankt!

Bolz (zu Otto der erwidern will). Die Frau hat immer Recht! Das sei Ihr Morgen- und Ihr Abendgebet, wenn Sie Frieden haben wollen.

(Wiesner, die eine Kerze in der Hand, steht mit Mathilde links vor der Thüre; Anna nimmt Willy's Arm und geht nach rechts ab mit der zweiten Kerze).

Bolz (zu Otto und Hans). Und wir steigen in die oberen Regionen! Gute Nacht! (Nimmt als letzter die dritte Kerze vom Tisch).

(Alle winken sich zu und gehen ab; die Bühne bleibt einen Augenblick leer; draußen ist es schön geworden; der Mond geht langsam auf. Zirm kommt zurück. Er bleibt, bevor er eintritt, einen Augenblick auf der Veranda stehen, um sich zu vergewissern, daß Alle sich zurückgezogen haben).

12. Scene.

Zirm (allein).

Zirm. Ich will doch nicht erfrieren in diesem verfluchten Boot! Auch ein Nachtquartier! Aber man muß seiner Ueberzeugung ein Opfer bringen können. Und i h r scheint das gewaltig zu imponiren! — Mit der Fahne kann ich mich doch nicht zudecken. Vielleicht finde ich etwas, das einem Plaid ähnlich sieht. (Er sieht sich um). Die schlafen alle schon! Na, die würden mich schön auslachen, wenn sie wüßten, daß ich mir eine Decke hole. Macht der Gewohnheit! — Nichts zu finden! Die Schränke zu! (Er erblickt eine rothe, buntgeblümte Tischdecke). Ah, mindestens etwas — zwar nicht viel, — aber was soll man thun?! (Er wickelt sich in die Decke). Wenn ich mir heute nur keinen Schnupfen hole in diesem verfl . . . Boot! Gerade heute, glaube ich, bin ich etwas empfindlich! (Ab).
(Der Mond bescheint die Veranda, den Prospekt und den hinteren Theil des Zimmers.)

---

13. Scene.

Wiesner (tritt aus dem Zimmer links) Mathilde (folgt ihm und bleibt in der geöffneten Thür stehen).

Wiesner. Also schlaf gut, mein Herz!
Mathilde. Jetzt schon die Decke über die Ohren zu ziehen, wäre jammerschade. Ich sehe noch ein Stündchen zum Fenster hinaus. Es ist draußen — so lustig!
Wiesner. Lustig?
Mathilde. Als ich vorhin den Kopf hinausstreckte, sah ich über mir drei offene Fensterchen. Und aus jedem

Fensterchen guckte ein Männeraugenpaar zu mir hernieder. Seines war auch darunter!

Wiesner. Ei, ei!

Mathilde. Also schlaf gut!

Wiesner. Ja, Du hast gut reden! Diese Bank sieht gar nicht sehr zum Schlummer einladend aus. Aber Du siehst, Dein treuer Onkel beißt auch in diesen harten Apfel. Bist Du so siegesgewiß, daß Du mir versprichst, es soll mein letzter sein?! Das gebe der Himmel! Gute Nacht!

(Mathilde zieht sich zurück).

Wiesner (allein; streckt sich auf die Bank). Versuchen wir es also mit dem Schlafen! Schlafen, vielleicht auch träumen!? Ich wüßte beinahe, wovon ich träumen möchte! Von einem Mädchennamen! Merkwürdig! Der erste Mädchenname, der in meinen Schädel hineingeht und nicht mehr heraus will! Anna, Anna!! — (Sich ermannend). Bah, ich glaube gar — (aufspringend). Was fällt mir ein! Ich bin doch ein gesetzter Mann und kein Johanniskäfer! (Macht einige Schritte durch's Zimmer). — Sieh' da! Das Wetter ist vorbei, der Mond geht auf — (er tritt auf die Veranda).

Anna (aus ihrem Zimmer kommend). Ich kann noch nicht zu Bette gehen. Ich weiß nicht, was mich so unruhig macht. Ich bin doch sonst ein ganz vernünftiges Frauenzimmer.

Wiesner (zurückkommend; etwas befangen). Fräulein Anna!

Anna. Herr von Wiesner!

Wiesner. Lockt Sie der Mondschein in's Freie?

Anna. (befangen). Ich weiß es nicht.

Wiesner. Wollen wir nicht ein bischen an den See gehen? Es ist jetzt so schön draußen.

Anna. Ach ja!

Wiesner. Und wir wollen ernste Dinge reden —
Anna (seinen Arm nehmend). Lieber gar nicht reden!
(Beide über die Veranda rechts ab).

---

14. Scene.

Hans, (bald darauf) Bolz, (bald darauf) Otto.

Hans (kommt leise die Treppe herab). Ich habe Wiesner aus dem Hause treten gesehen — und sie ist am Fenster. Sie ist allein. Vielleicht kann ich noch zwei Worte mit ihr reden. Nur zwei Worte! Ich muß wissen, wie es zwischen uns steht. (Er bleibt in der Mitte der Bühne stehen). Zwischen uns! Sie muß es erfahren, daß ich es ehrlich meine mit meiner Liebe. Ja, ich — bei Gott, ich liebe sie! Das steht fest. Wohin meine Liebe mich führt, weiß ich noch nicht; aber jeder Wille findet seinen Weg. (Er ist bis zur Thür links gekommen). Vielleicht hört sie mich! Meine Gnädige! Keine Antwort! Gnädige Frau! — Mathilde!

Bolz (kommt leise die Treppe herab und sieht Hans nicht, der bei der Thüre steht). Der Gemahl geht bei Mondschein spazieren. Sie ist allein. Vielleicht ist sie jetzt gnädiger. Ich wäre schon mit einem guten Wort zufrieden. (Er erblickt Hans). Ja, was machen denn Sie hier?

Hans. Ich? Ich habe Lust bekommen, ein bißchen die herrliche Mondnacht zu genießen.

Bolz. Da haben Sie Recht! Der See, die Berge, das alles im Silberlicht, einzig, wunderbar!

Hans (für sich). Aber Dich, den Marder, laß ich nicht vor dem Hühnerstall! (Laut). Kommen Sie doch mit!

Bolz. Ich? Oh, mir ist der Mondschein was Alltägliches!

Hans. Warum sind denn Sie eigentlich heruntergekommen?

Bolz. Ich hörte die Treppe knarren. Ich dachte, jemand wünschte oder suchte etwas. Und als guter Wirth —

Hans. Es würde mich recht sehr freuen, wenn Sie mit mir gingen.

Bolz (für sich). Eine Fensterpromenade zu zweien hat aber gar keinen Zweck — für mich. — Wie bring' ich den nur weg!

Otto (kommt herab, die Schuhe in der Hand, ohne Bolz und Hans zu sehen). Wenn ich nicht irre, ist der Ehemann aus dem Haus. Willy schläft schon. Da kann ich ihr noch etwas Schönes und Interessantes sagen. Sonst hält sie mich am Ende für einen Rüpel. Ach, wenn es von mir abhinge! Aber Willy mit ihrer Eifersucht!

Bolz. Ja, was suchen denn Sie hier?

Hans. Was hast Du denn?

Otto. Ich — nichts — ich — wollte im Mondschein spazieren gehen.

Hans. Die Schuhe in der Hand?

Otto. Und Sie, meine Herren?

Bolz. Wir hatten dieselbe Absicht. Nicht wahr, Herr Rechtsanwalt, wir haben alle drei dieselbe Absicht?

Hans (mißmuthig). Gehen wir also spazieren!

Bolz (Hans und Otto unter den Arm nehmend, mit burlesker Anspielung auf den „Mikado"). So gehen wir alle drei! (Sie gehen nach hinten).

(In diesem Augenblick sieht man draußen im Mondschein Wiesner an seinem Arm Anna führend, vorübergehen).

Otto. Da sehen Sie nur —
Bolz. Herr von Wiesner mit —
Hans. Das ist nicht seine Frau!
Bolz. Das ist Anna!
Otto, Bolz, Hans (entrüstet). Oh!
Hans. Wenn man eine solche Frau besitzt!
Bolz. Das hätte ich ihm nicht zugetraut!
Otto. Ja, diese Ehemänner.
Bolz (auf das Zimmer links deutend). Die arme Frau!
Otto. Sie kommen.
Bolz. Sie brauchen uns nicht zu sehen. Sie könnten sich am Ende schämen!
(Alle drei verstecken sich links hinter der Bank).

---

15. Scene.

Vorige, Wiesner mit Anna.

Wiesner. Und nun: gute Nacht!
Anna. (vor ihrer Thüre). Gute Nacht! Es war so schön! (Ab in ihr Zimmer).
(Die drei kommen hervor und gehen an Wiesner vorbei).
Bolz. Gute Nacht, Herr von Wiesner!*)
Hans. Schlafen Sie gut, Herr von Wiesner!
Otto. [Wir wollten auch im Mondschein spazieren gehen, aber wir hatten Angst, Sie zu stören.] Angenehme Ruhe! Herr von Wiesner!
(Alle drei mit ironischer Betonung).
(Sie gehen die Treppe hinauf).

---

*) Wiesner.
Otto — Hans — Bolz.

16. Scene.

Wiesner (allein).

Wiesner. Ja, was wollten die Herren denn von mir?

Mathilde (den Kopf aus der Thür steckend). Du hast sie im Gesang gestört!

Wiesner. Was sangen sie denn?

Mathilde. Frauenlob!

Der Vorhang fällt.

Dritter Aufzug.

(Dekoration des ersten Aufzuges).

1. Scene.

Bolz (einen Rosenstrauß in der Hand, kommt im Gespräche mit) Otto (von links, Hintergrund).

Bolz. Ich kenne Sie, mein junger Freund, und ich kenne Ihre Absichten. Ihre männlichen Worte habe ich mit Vergnügen zur Kenntniß genommen. Wie ich Ihnen schon zu sagen die Ehre hatte, ich werde mich recht sehr freuen, Sie als meinen lieben Schwager begrüßen zu können. Weiß Willy, daß Sie mit mir sprechen?

Otto. Nein, noch nicht. Ich wollte mich erst Ihrer offiziellen Zusage versichern, ehe ich in aller Form bei Willy werbe.

Bolz. Nun also, meine offizielle Zusage haben Sie. Schauen Sie nur, daß sich die Sache nicht in die Länge zieht. Zwischen Verlobung und Hochzeit darf man einander nicht Zeit zur Ueberlegung lassen. Ihr könnt etwa im Oktober heirathen, — im Oktober werde ich gerade im Hoftheater den Petruchio spielen. Sie haben mich als Petruchio noch nicht gesehen? Die Liebenswürdigkeit, die ich da entfalte, ist ein Geheimniß meiner Kunst. Ich habe da Nuancen!! Uebrigens sagen Sie mir, Herr Doktor, wo knüpfen Sie mich eigentlich an in der Geschichte der deutschen Schauspielkunst?

Otto. Sie wissen, ich durchforsche nicht die Vergangenheit, um mir ein Verständniß für die Gegenwart zu schaffen. Ich hasse die sogenannten kritischen Untersuchungen. Ich lasse Kunst und Künstler auf mich wirken wie auf ein weißes Blatt und urtheile ganz naiv, ohne mein Gehirn mit überlieferten Vorstellungen belastet zu haben.

Bolz. Ich kann Ihnen darin nicht völlig Recht geben. Ich z. B. erinnere entschieden an Fichtner. Das muß aber dem Publikum gesagt werden, und wer soll es ihm sagen, wenn nicht der Kritiker! Nun, ich werde Ihnen schon manchen nützlichen Wink geben. Sie werden sehen, was ein Kritiker vom Schauspieler Alles lernen kann.

(Setzen sich links vorne).

Otto. Ich hoffe, auch ich werde Ihnen dienen können.

Bolz. Je nun gewiß! Aber ich liebe die Schauspielerei nicht, die sich von der Kritik etwas einblasen läßt. [Und dann müssen Sie auch einige Ihrer kuriosen Ansichten ändern. Sie werben jetzt um Willy, und da Sie sie heirathen wollen, lieben Sie sie ja auch. Nun sehen Sie — das ist ein wichtiger Schritt in Ihrem Leben, und er entscheidet über Ihre Zukunft. Die Liebe ist das Um und Auf des Theatees. Das werden Sie schon einsehen lernen, und Sie werden auch erfahren, wie sehr Recht ich hatte, wenn ich Ihnen sagte: Sie können mich nur beurtheilen, wenn Sie alle meine Rollen gesehen haben, wie ich in jeder anders bin und doch alle mit gleicher Kunst erfülle. Diese Kunst ist — die Liebenswürdigkeit. Machen Sie Studien in dieser Kunst. Sie ist nicht nur auf der Bühne, sondern auch in der Ehe unentbehrlich. Wenn Sie nicht liebenswürdig sein können, werden Sie nie ein guter Ehemann werden.

Otto. O, Sie werden sehen, wie ich und Willy —

Bolz. Lassen Sie vor Allem Ihr kritisches Rüstzeug vor der Schwelle Ihres ehelichen Gemaches, sonst kann es Ihnen schlecht ergehen. Denn Kritik verträgt keine Frau — und Willy — na, ich glaube, Sie kennen Willy!] Ueberhaupt, ich frage mich oft, wer denn eigentlich die Kritik braucht. Wir brauchen sie nicht, das Publikum braucht sie nicht, denn es läßt sich von Euch nicht vom Klatschen abbringen, für wen also macht man Kritik?

Otto. Erlauben Sie mir! Kritik ist ein heiliges Amt, ohne sie könnte unsere ganze literarische Weltordnung nicht bestehen. [Wir sind die Polizei der künstlerischen Atmosphäre, wir sind die Hüter der ästhetischen Gesetze, wir sind die Richter des Geschmacks.] Wenn ich es recht bedenke, ist die ganze Kunst, die Schauspieler und das Publikum nur für uns da, damit wir sagen, was wir darüber denken, damit wir das Urtheil sprechen, die Weihe geben oder die Schärfe unseres Schwertes erproben.

Bolz. Erlauben Sie mir! Wenn ich z. B. den Petruchio spiele, können Sie lange schreiben, was Sie wollen. Das Publikum wird doch jubeln!

Otto. Aber ich spreche ja nicht von Ihnen. Sie wissen es doch, wie hoch ich Sie immer als Künstler gestellt habe.

Bolz. Na, na, jetzt, wo wir einander so nahe zu stehen im Begriffe sind, kann ich's Ihnen ja sagen: Sie behaupteten im vorigen Winter, als ich einmal den Reif-Reiflinger spielte, ich wäre sehr gut gewesen.

Otto. Nun?

Bolz. Ich war ausgezeichnet!

Otto. Ihnen liegt der shakespearische Liebhaber besser als der moderne.

Bolz. Meinen Sie? Ja, Sie könnten Recht haben! Sie werden sehen, — den Petruchio spielt mir keiner nach. — Aber nun thun Sie mir den Gefallen und suchen Sie mir den Zappelfrosch Willy auf und bringen Sie Ihre Angelegenheit in Ordnung. [Man schiebt solche Unterredungen nicht auf die lange Bank.] Willy dürfte unten am See sein.

Otto. Meinen innigsten Dank für Ihr Jawort!

Bolz. Als wenn Sie nicht längst gewußt hätten, Sie kleiner Schäker, daß ich Ja sagen würde. Ein so kluger, genialer Kritiker, den man als Menschen nebenbei so gerne hat!

(Er umarmt Otto. Otto rechts vorne ab).

---

2. Scene.

Bolz (aus dem Hintergrunde von links) Zirm (mit einem Strauß von Alpenblumen).

Bolz. Sieh' da, Freund Zirm! Sie sind heute Morgen so zeitlich fort, daß ich Sie gar nicht fragen konnte, wie Sie die Nacht verbracht haben?

Zirm (total heiser). Ich danke, sehr gut! (Für sich). An diese Nacht und an dieses Boot werde ich denken.

Bolz. Na, das freut mich! (Beide stehen vorne). Blumen? Sie bringen Blumen? Für wen denn, wenn ich fragen darf?

Zirm (eifersüchtig auf Bolz' Strauß blickend). Ich gebe Ihnen die Frage zurück.

Bolz. O, das ist blos ein Strauß der Erinnerung an meinen Garten, für die gnädige Frau. Sie hat gestern meine Rosen — meine r o t h e n Rosen gelobt. Ich bringe sie ihr heute als Morgengruß.

Zirm. Diese Blumen sind auch für die gnädige Frau. Ich hoffe, sie wird sie zu schätzen wissen. Alpenblumen, mit Lebensgefahr auf Gletschern gepflückt. (Den Strauß betrachtend). Das Edelweiß ist hier leider so klein. Als ich einmal in Sibirien Eisbären jagte, da fand ich Edelweißsterne so groß und voll wie Georginen.

Bolz. Ich wußte gar nicht, daß Sie, rauher Waidmann, auch galant sein können.

Zirm. Galant? Wenn ich huldige, so thue ich dies nicht aus Galanterie, sondern aus Ueberzeugung.

Bolz. Aber Sie huldigen — —

Zirm (grimmig). Ist es Ihnen etwa nicht recht?

Bolz. Wie dürft ich wagen —

Zirm. Ich hoffe, in Ihrem eigenen Interesse, Sie wagen nicht — denn ich kann furchtbar werden.

Bolz (ihm die Hand reichend). Friede sei zwischen uns!

Zirm. Es ist ritterlich, seinem Gegner die Hand zu reichen.

(Sie schütteln sich die Hände).

---

3. Scene.

Vorige. Köberl (kommt von links vorne und will in's Haus).

Bolz. Ist die gnädige Frau zu Hause?

Köberl. Kann schon sein!

Zirm. Oder ist sie vielleicht im Walde?

Köberl. Ist schon möglich! (Ab in's Haus).

Bolz. Bei so schönem Wetter ist sie sicherlich nicht in der Stube, sondern wahrscheinlich auf einem der Aussichts=plätze im Walde. (Für sich, einen Taschenspiegel hervorziehend). Die Cravatte ist doch endlich gekommen, — sitzt tadellos — das m u ß i h r Auge erfreuen!

Zirm. Suchen wir sie also im Walde. Wenn ich heute etwas besser bei Stimme wäre, würde ich singen. Den Liebeslockruf aus meiner Oper „Bianka von Castilien."

Bolz. Aus Ihrer Oper — ?

Zirm. Sie ist noch nicht fertig. Aber die Welt wird staunen! Alles originale Musik! Keine Epigaunerei! Fünf Akte! Und in jedem Akte ein Intermezzo! Ich sage Ihnen: Die werden zünden. Aber die Perle wird der Liebeslock=ruf sein, das Leitmotiv der Oper. Ach, wenn ich das jetzt singen könnte! Wenn sie es hören würde, ging es ihr bis in's Eingeweide

Bolz. Freund Zirm, wenn Sie nicht alle Anzeichen beängstigenden Verliebtseins aufzeigen, will ich mich, den Bolz, nie mehr in den „Journalisten" spielen?

Zirm. Was ich bin, geht Sie gar nichts an Ich weiß, was ich bin. Und ich suche jetzt die gnädige Frau auf — das Weitere steht in Gottes Hand. (Ab).

Bolz (allein). Sie hat meine rothen Rosen gelobt — und rothe Rosen bedeuten Liebe. Das weiß jedes Kind! — Ich fühl's, jetzt ist der Augenblick da, energisch Sturm zu blasen! Das tragische Motiv muß helfen! — Wie Einem die Frauen das bischen Leben sauer machen! Frauenlob ist ein hartes Brod! (Ab).

4. Scene.

Wiesner. Mathilde (aus dem Hause).

Wiesner. Nach all dem, was Du mir erzählst, glaub ich, mein Schätzchen, daß Du selbst im Begriffe stehst, Feuer zu fangen.

Mathilde (überlebhaft protestirend). Nein, nein! (Setzen sich links vorn).

Wiesner. Wehr' Dich nicht! Es wird schon so sein! Da zieht so eine junge Dame aus, um mit kaltem Blut an einem jungen Mann ein Strafgericht zu vollziehen. Und ohne es selbst zu wissen, steht sie plötzlich selbst auf dem Scheiterhaufen, den sie ihm errichtet, und beide brennen lichterloh!

Mathilde. Wenn es beide wären!

Wiesner. Ich kalkulire, daß es beide sind.

Mathilde. Er ist viel besser und werthvoller, als ich dachte!

Wiesner. Sei nicht falsch. Innerlich denkst Du Dir: Er ist der beste und werthvollste Mann, den überhaupt diese Erde trägt. Nicht wahr?

Mathilde (nickt).

Wiesner. Nimm doch gefälligst Deinen Onkel aus! (Kleine Pause; Wiesner steht auf und geht ein paarmal auf und ab.) Uebrigens höre, ich muß Dich was fragen. (Er sucht nach Worten).

Mathilde. Was denn, Onkelchen?

Wiesner (etwas verlegen). Glaubst Du, daß ich — — noch heirathen dürfte?

Mathilde. Gewiß, lieber Onkel!

Wiesner. Daß ich noch oder überhaupt der Mann bin, ein Weib glücklich zu machen?

Mathilde. Gewiß, lieber Onkel!
Wiesner. Ein Weib — wie Anna! Glaubst Du das, Mathilde?
Mathilde. Ei gewiß glaub' ich das!
Wiesner. Du bist ein gescheidtes Mädel, Mathilde!
Mathilde. Siehst Du, das glaub' ich auch!
Wiesner. Komm, gieb mir einen Kuß!
Mathilde (aufstehend). Von ganzem Herzen!
(Wie Wiesner sie umarmt, tritt Hans auf.)

5. Scene.

Vorige. Hans (von rechts hinten kommend).

Hans (für sich). Das thut weh!
Wiesner. Guten Morgen, Herr Rechtsanwalt!
Mathilde. Guten Morgen!
Hans (nachdem er Wiesner und Mathilde begrüßt hat). Sie sind hier, meine Gnädige! Und Bolz und Zirm suchen Sie im Walde, um Ihnen in feierlicher Ansprache Blumensträuße zu überreichen.
Mathilde. Ich habe jetzt gar keine Lust, diesen Herren Rede zu stehen.
Hans. Darf ich Sie um einige Minuten bitten?
Mathilde. Gerne!
Hans (mit einem Blick auf Wiesner). Aber —
Mathilde. Kommen Sie zu jener Bank, dort können Sie mir sagen, was Sie auf dem Herzen haben.
Hans. Versprechen Sie mir —
Mathilde. Ich verspreche Ihnen nichts, als Sie anzuhören.
(Beide links hinten ab).

Wiesner. Das ist die Jugend! Um mich kümmert sie sich gar nicht! Mich läßt sie stehen und rennt davon — der Liebe nach! Und ich, alter Esel, thue desgleichen!

---

6. Scene.

Wiesner. Anna (aus dem Hause tretend).

Wiesner. Fräulein Anna!
Anna. Lieber Freund!
Wiesner. Möchten Sie nicht das Gespräch dort aufnehmen, wo wir es gestern im Mondschein unterbrochen haben?
Anna. Nein!
Wiesner. Nein?
Anna. Wohin sollte es uns führen? Es ist besser, wir sagen uns Lebewohl. Ich werde die Erinnerung an den gestrigen Abend, wo zwei Menschenherzen auf der Brücke der Gedanken sich fanden und grüßten, mit mir nehmen und treu aufbewahren.
Wiesner. Lassen Sie mich ernst zu Ihnen reden, Fräulein Anna. Ich bin ein anderer Mensch geworden in diesen paar Tagen. Ich fühle etwas, worüber ich früher gespottet habe: Daß es nämlich Menschen giebt, die in einer Stunde zusammenwachsen mit ihrem Fühlen und ihrem Begehren, so daß eine Trennung nicht mehr möglich ist, ohne beide zu zerreißen. — Fräulein Anna, ich will nicht, daß wir auseinandergehen, ich will, daß wir zusammenbleiben.
Anna. Was Sie verlangen, mein Freund, ist unmöglich.
Wiesner. Ich weiß, daß ich Ihnen nicht gleichgiltig bin. Bitte, ich sage das nicht mit eitler Selbstgefälligkeit,

sondern mit dankbarer Seele. Ich weiß, daß wir über die höchsten Dinge des Lebens und der Pflicht dieselben Gedanken haben, daß die Grundtöne unserer Empfindungen zusammenklingen in reinen Akkorden, ich weiß, was ich für Sie fühle — also darf es zwischen uns keine Unmöglichkeit geben. —

Anna. Ich verstehe Sie nicht.

Wiesner. Sie Ueberkluge! Wollen Sie Verstecken spielen mit Dingen, die mir so nahe gehen?

Anna. Vielleicht will ich Sie nicht verstehen.

Wiesner. Ich habe bisher von der Ehe ganz falsche Ansichten gehabt. Sie kam mir vor wie ein Kerker — nun seh' ich in ihr die Freiheit meiner Liebe.

Anna. Herr von Wiesner! (Für sich). Und so spricht ein Ehemann!

Wiesner. Ja! Sie sollen die Freiheit mit mir theilen! Nicht meine Ehehälfte sollen Sie sein, sondern mein Alles! Und ich will keine Götzen haben neben Dir!

Anna. Sie vergessen wohl, daß Sie zu mir reden, die Ihnen kein Recht gegeben hat. —

Wiesner. Zu Ihnen, in deren Hand mein Glück liegt. Bah, es will nicht viel bedeuten, das Glück eines alten Knaben, wie ich einer bin, aber es soll mir leuchten wie ein Zauberhort, wenn Ihre Finger darüber streichen.

Anna. Was würde Mathilde sagen, wenn sie Sie so sprechen hörte!

Wiesner. Ja und Amen würde sie sagen, wie ich sie kenne!

Anna. Mathilde?

Wiesner. Sie kennt meine Absichten. Ich habe gerade mit ihr darüber gesprochen!

Anna. Das haben Sie gethan?

Wiesner. Und selbst, wenn sie Nein gesagt hätte, glauben Sie, ich ließe mich von ihr in meinem Wege aufhalten? Ich würde ihr erlauben, sich zwischen mich und Sie zu stellen? Diese Frage darf doch Ihre Entschließung nicht hindern!

Anna. Meinen Sie!? Nun, mein werther Herr von Wiesner, sie behindert mich so weit, daß ich Ihnen folgendes antworte: Ehe ich Ihrem Antrag, der mich beschimpft, überhaupt Rede stehe, gehe ich lieber in den See! (Wie Wiesner sprechen will). Es thut mir bitter leid, mich so in Ihnen getäuscht zu haben! Daß Sie mir das bieten konnten! Kein Wort mehr! (Sie will in's Haus, auf der Schwelle begegnet ihr Köberl. Wiesner will ihr nach und hat sie schon erreicht; zu Köberl). Sagen Sie diesem Herrn, daß er mich in Ruhe lassen möge! (Ab).

---

7. Scene.

Wiesner. Köberl.

Wiesner. Heiliger Himmel! Jetzt versteh ich! Sie hält mich ja für verheirathet, Mathilde für meine Frau, mich für einen Grafen von Gleichen. Das läßt sich aufklären! (Er will an Köberl vorbei ins Haus).

Köberl (breitspurig auf der Schwelle stehend). Na, das giebt's nicht! Zum Fräulein Anna laß ich Euer Gnaden nicht! Das Fräulein steht in meinem besonderen Schutz!

Wiesner. In Dreitenfelsnamen, wenn ich Ihnen sage, daß ich mit Fräulein Anna sprechen muß!

Köberl. Ist schon möglich. Aber hinein laß ich Euer Gnaden nicht! Das Fräulein weiß schon ganz gut, warum es mir so einen Auftrag giebt. Das Fräulein hat sich's halt überlegt.

Wiesner. Was meinen Sie damit?

Köberl. Ich hab' halt dem Fräulein zu verstehen gegeben, daß es mir ganz recht wäre, wenn's ganz bei mir bliebe. Ist ja eine schöne Wirthschaft! Die Felder dort gehören auch mein und das Stückel Wald auch. Na und von dem Komödienspielen und von dem Singen für die Leut wird's ja auch schon genug haben! Besser eine ehrsame Hausfrau und Wirthin sein, hab ich ihr gesagt. Kochen kann sie und ich bin auch kein so übler Mann nicht. Ich werd sie gut halten, das weiß sie eh! Na und ich glaub halt, sie wird nicht Nein sagen. Das erste Mal hat's gelacht, wie ich davon angefangen hab. Aber wissens, so ein Frauenzimmer weiß nie, was es will.

Wiesner (sich an den Kopf fassend). Aber das ist ja nicht möglich!

Köberl. Wissen's, was ich jetzt thue?! Jetzt zieh' ich mir mein Sonntagsgewand an und bring' ihr einen Buschen und red' ganz ernstlich mit ihr.

Wiesner. Dort kommt das kleine Fräulein Willy! Die soll die Friedenstaube werden. Denn diesen Grund kann ich nicht glauben. (Im Abgehen stehen bleibend). Ich glaube fast, ich käm' nicht b'rüber!

(Er eilt nach rückwärts rechts ab.)

Köberl (ihm nachsehend, die Achseln zuckend). Stadtleut'! Wissen alle nicht, was sie wollen! (Ab ins Haus).

8. Scene.

Mathilde. Hans (von links hinten kommend).

Mathilde. Ja, lieber Herr Rechtsanwalt, was Sie mir da sagen, klingt fast, als ob es wahr wäre!

Hans. Es ist wahr!

Mathilde. Das kann ich glauben oder auch nicht. Ein falsches Liebeslied ist von einem echten im Ton, in der Melodie, oft nicht zu unterscheiden.

Hans. Aber Sie müssen es doch merken, daß nicht mein Mund allein, daß mein Herz es singt.

Mathilde. Wir stehen dort, wo wir gestern standen. Sie betheuern mir, daß Sie mich lieben und ich antworte Ihnen: Beweisen Sie es mir!

Hans. Wie soll ich das? Zeigen Sie mir einen Drachen, ich werde ihn tödten!

Mathilde. Die Drachen sind ausgestorben. Schade, denn es war eine so klassische Muthprobe für die Herren Ritter.

Hans. Zeigen Sie mir einen Schatz, und ich werde ihn heben!

Mathilde. Glauben Sie, daß es echte Liebe ist, um die man mit Schätzen wirbt?

Hans. Setzen Sie mir ein Ziel, ich werde es erreichen.

Mathilde. Ein Ziel?! Wir haben in diesem Augenblick beide dasselbe Ziel. Zeigen Sie mir mit fester That, daß Sie mich lieben, und wir werden beide — es erreicht haben.

Hans. Dank für dieses Wort!

Mathilde. Es ist inhaltslos für Sie, wenn Sie den richtigen Weg nicht finden.

Hans. Diesen Weg! Meine Seele will ich dem Teufel verkaufen, wenn er mir ihn zeigt.

Mathilde. Seien Sie nicht so freigiebig! Ich möchte sie ihm nicht gönnen.

Hans. Mathilde — fliehen Sie mit mir — fort, in ein fremdes Land, wo ich uns eine Zukunft schaffen werde.

Mathilde Fliehen? Nein! Diese Zukunft wäre dann gestohlenes Gut.

Hans. Was denn? Wären Sie heute frei, ein Mädchen, nicht die Frau eines Andern, ich würde um Sie werben, ich würde Sie erringen und wenn eine Welt von Hindernissen zwischen uns läge.

Mathilde. Ach, nun wünschen Sie gar, daß ich ein Mädchen wäre! Wie seltsam! Und ich bildete mir ein, daß Sie mir nur darum die Ehre Ihrer Aufmerksamkeit zu Theil werden ließen, weil ich kein Mädchen war. Frauenlob war Ihre Losung!

Hans. Mathilde —

Mathilde. Ja, ich beurtheile Sie eben falsch, beurtheilte Sie nach dem Muster der vielen Männer, denen ich schon begegnet bin. Die bekreuzen sich vor einem jungen Mädchen und machen das Kreuz über die Ehre einer jeden jungen Frau, die Wohlgefallen findet vor ihren Augen. Verzeihen Sie mir, daß ich Sie einer solchen Denkungsweise für fähig hielt. (Sie hält ihm die Hand hin).

Hans. Ich kann Ihre Hand nicht nehmen — denn — denn — auch ich — habe zu jenen Männern gehört. Wenden Sie sich nicht von mir! Ein Reuiger will durch das Nadelöhr Ihrer Gnade gehen. Ja, als ich Ihnen begegnete, da dachte ich noch wie viele Andere, daß Heirathen eine böse, Liebe aber eine lustige Sache sei. Nun habe ich Eines erfahren: Liebe ist etwas sehr Ernstes, und wenn man liebt, ist Heirathen das schönste Ding, das je erfunden worden ist.

Mathilde (für sich). Er ist der beste Mensch auf dieser Erde!

Hans. Ich muß Sie also um Verzeihung bitten! Und damit ich sehe, daß Sie mir vergeben, sagen Sie mir, was ich thun soll, um Ihrer würdig zu sein.

Mathilde. Sprechen Sie mit meinem Mann.

Hans. Was soll ich?

Mathilde. Treten Sie vor Herrn von Wiesner hin und sagen Sie ihm: Ich liebe Mathilde — so heiße ich — ich kann ohne sie nicht leben — oder können Sie das?

Hans. Nein, ich kann nicht ohne Sie leben!

Mathilde. Und will, daß Sie mein Weib werde. Wollen Sie das?

Hans. Wie meine Seligkeit!

Mathilde. Das Alles sagen Sie dem Herrn von Wiesner.

Hans. Aber er wird mir an die Gurgel springen!

Mathilde. Und wenn? Sprachen Sie nicht vorhin davon, daß Sie einen Drachen besiegen möchten um meinen Preis?! Herr von Wiesner ist nicht einmal ein Drache —

Hans. Aber Ihr Mann!

Mathilde. Haben Sie Furcht?

Hans. Nein!

Mathilde. Gut! So geben Sie mir diese Probe Ihrer Liebe und Ihres Muthes. Verlangen Sie meine Hand von Herrn von Wiesner. Ringen Sie sie ihm ab. Ich — ich gebe Sie Ihnen. — Da kommt Herr von Wiesner!

Hans. Leben Sie wohl! Sie schicken mich in den Tod oder in das Leben.

Mathilde. In's Leben mit mir und für mich!

9. Scene.

Hans, (von rechts vorne). **Wiesner** und **Willy**.

Wiesner. (zu Willy). Eilen Sie, liebes Kind, sagen Sie ihr Alles!

Willy. Nein, es ist zu drollig. Anna wird lachen! (Lachend ab in's Haus).

Hans (Mathildens Hand ergreifend). Mathilde!

Mathilde. Hans! (Sie geht langsam, sich nach beiden umsehend rechts hinten ab; Wiesner und Hans stehen sich gegenüber).

Hans. Verzeihung, Herr von Wiesner, ich habe einige Worte mit Ihnen zu reden.

Wiesner (die ganze Scene zerstreut, immer nach dem Hause sehend, wo Willy abgegangen ist). Mit mir? Bitte, ich stehe zur Verfügung.

Hans. Sie werden mein Begehren mehr als seltsam finden. Sie werden vielleicht nicht verstehen, wie ich es wagen kann, ein solches Ansinnen an Sie zu stellen.

Wiesner. Ich weiß nicht, womit ich Ihnen dienen kann. Aber seien Sie versichert —

Hans. Bedenken Sie, Herr von Wiesner, daß Leidenschaft Alles entschuldigt, daß Leidenschaft, wenn sie sich mit Entschlossenheit paart, zu Allem fähig ist. Ich bin zu Allem entschlossen.

Wiesner. Bester Herr Rechtsanwalt, möchten Sie mir nicht erklären —

Hans. Dann bitte ich Sie noch, Eines zu erwägen. Wir sind Gentlemen, und ich bin bereit, Ihnen für meine Worte in jeder Art und Weise Genugthuung zu bieten.

Wiesner. Sie erschrecken mich?

Hans. Ich muß fürchten, daß ich dies thue.

Wiesner. Ich liebe keine Umschweife. Was wünschen

Sie? Ich kann mir nicht denken, daß es etwas Ungebührliches ist.

Hans. Ich will es Ihnen sagen, was ich wünsche! Ich liebe Mathilde. Ich will das Recht haben, Sie mein Weib nennen zu dürfen!

Wiesner. Sie lieben Mathilde —

Hans. Entscheiden Sie, was geschehen soll.

Wiesner (ihm einen Sessel anbietend). Bitte nehmen Sie Platz!

Hans (für sich). Diese Ruhe! Beängstigend!
(Setzen sich auf die Anhöhe).

Wiesner. Sie begreifen, daß wir über einen ernsten Schritt, wie Sie ihn vorhaben, auch ernstlich reden müssen. Also Sie lieben Mathilde?!

Hans. Wie mein Leben!

Wiesner. Schön! Aber wissen Sie auch, ob Mathilde Sie genügend liebt? Ob Sie auch für Mathilde das Leben bedeuten? Denn der Mann muß für das Weib Eines und Alles sein.

Hans. Ja, das muß er, sonst ist er ein schlechter Mann! Verzeihen Sie — Herr von Wiesner. — Ich weiß, wie peinlich Ihnen meine Worte sein müssen.

Wiesner. Peinlich? Nicht im Geringsten. [Wenn ich gleichsam indiscrete Fragen stelle, so geschieht das nur, weil mir Mathildens Zukunft am Herzen liegt. Glauben Sie also, daß Mathilde in genügendem Maße Ihre Gefühle theilt?

Hans. Sie hätte doch wohl sonst mir nicht erlaubt, diesen Schritt zu unternehmen, dessen Seltsamkeit —

Wiesner (einfallend). Ich vollständig begreife, denn ich weiß, wie ehescheu die jungen Männer von heute sind. Aber lassen wir die Einleitung. Wir sind gottlob schon in der

Sache mitten drin. Also recapituliren wir den Gang der Ereignisse. Sie begegnen einer jungen Dame. Diese junge Dame macht einen tiefen Eindruck auf Sie. Sie beschließen, mit ihr ein ganzes, ferneres Leben zu theilen, die Poesie Ihrer Gefühle von der Wirklichkeit sanctioniren zu lassen, mit einem Wort, sie zu heirathen. Stimmt das?

Hans. Es stimmt.

Wiesner. Nun also!] Aber Verehrtester, Sie kennen die Dame ja gar nicht, wissen nicht, in welchem Milieu sie aufgewachsen ist, aus welchen Kreisen sie stammt, wie ihre Vorfahren sich benommen haben, ob sie nicht am Ende erblich belastet ist. Sie fragen nicht nach Sippe und Verwandtschaft, sie setzen sich über Brauch und Sitte so kühn hinweg, daß Sie sich nicht einmal erkundigen, ob eine Mitgift vorhanden ist oder nicht.

Hans. Das sind alles Fragen, die der Liebende nicht kennt!

Wiesner. Wie unmodern! Aber wissen Sie auch, ob Ihre Liebe währen wird, ob sie mehr ist, als eine Aufwallung Ihres Herzens. Manch Einer glaubte, er liebe, und er war doch blos verliebt. Damit ich Ihnen glauben soll, müssen Sie mir doch erst einen Beweis geben.

Hans (für sich). Nun fängt er an!

Wiesner. Sie begreifen, daß ich nicht leichtsinnig über Mathildens Glück verfügen möchte.

Hans (sich kaum bezwingend, steht auf). Herr, wissen denn Sie, was Mathilde als Glück betrachtet?

Wiesner. Ach Gott, sie hat an meiner Seite so oft diesen Zustand künftigen Glücks geschildert, mir so oft erzählt, wie der Mann aussehen müßte, mit dem sie es theilen möchte!

Hans (wie oben). Aus Ihren Worten entnehme ich fast, daß Sie völlig zufrieden damit sind, wenn ich —

Wiesner. Ich muß gestehen, Sie machen mir eine große Freude, indem Sie mich um Mathildens Hand bitten. Ich habe den Augenblick herbeigesehnt, wo ein braver Mann — und das sind Sie doch — diesen Schritt thun würde! Ich hoffe, daß Ihr Beide es verstehen werdet, mit den Flammen Eurer heißen Liebe das Feuer Eures Heerdes zu entzünden. Und nicht wahr, Sie werden mir erlauben, recht oft an diesen Heerd zu kommen, und an Eurem Glücke mit herzlichstem Behagen theilzunehmen.

Hans (losbrechend). Mein Herr, ich verstehe Sie nicht! Ich hätte es verstanden, wenn Sie mich erwürgt oder erstochen hätten, ich hätte es verstanden, wenn Sie sich an mir irgendwie vergriffen hätten. — Alles, Alles hätte ich begriffen und entschuldigt, aber diesen Ton verstehe ich nicht. Mir sollte Einer kommen, wenn ich Mathilden's Mann wäre, und es wagen, sie von mir zu verlangen! Der hätte ausgelebt! [Und Sie, Sie, der Sie Mathilde nie verstanden, nie gewürdigt haben können, Sie wagen es, von Mathildens Glück zu sprechen? Sie wollen es verschachern wie ein Kaufmann, der die Creditsfähigkeit seines Kunden vorerst untersucht!!] Wenn ich mich nicht mäßigen würde, möchte ich Ihnen sagen: Schämen Sie sich! Aber nun mach' ich der Unterredung ein Ende. Nun verlange ich Mathilde nicht mehr von Ihnen, nun nehme ich sie mir. Adieu, mein Herr!

Wiesner (der endlich begriffen hat und sich umsonst bemüht zu reden und Hans aufzuklären). Aber lassen Sie mich Ihnen sagen —

Hans. Kein Wort, mein Herr!

Wiesner. Aber wenn ich Ihnen erzähle —
Hans (unterbrechend). Ich bin gar nicht neugierig. Wir haben ausgesprochen. Nun gehe ich zu Mathilde. —

---

10. Scene.

Vorige. Willy (mit) Anna (aus dem Hause).

Wiesner (Anna erblickend). Endlich! Mathilde wird ihm schon die Sache erklären. Ja gehen Sie nur zu Mathilde!

(Hans grüßt sehr kühl, ab nach vorne rechts.)

Willy. Da bringe ich die reuige Sünderin. Nicht wahr, Sie bereuen, Herrn von Wiesner verdächtigt zu haben? Nein, einem so braven Herrn eine solche Schlechtigkeit zuzumuthen —

Wiesner (Anna entgegen). Wollen Sie noch lieber in den See gehen, als mir eine Antwort geben? Oder sollte es wirklich wahr sein?

Anna. Was denn?

Wiesner. Daß ein anderer Mann —

Anna. Welcher andere Mann?

Wiesner. Köberl —?

Anna (auflachend). Wie die Männer vor einander Furcht haben, wenn es die Liebe einer Frau gilt. Nein, Sie sind der Sieger! (Sie reicht ihm die Hand zum Kusse. Inzwischen ist Hans von rechts, wo er Mathilde suchte, zurückgekommen und geht nun in den Hintergrund).

Hans. Wo ist nur Mathilde?

Wiesner. Sehen Sie, lieber Freund, das ist meine künftige Frau! (Ab nach vorne links).

Hans (verblüfft, für sich). Wie kann man einen solchen Menschen heirathen? (Immer aufgeregter werdend). Wo ist Mathilde? Auf der Stelle muß sie mit mir fort! (Ab im Hintergrund links.)

11. Scene.

Willy. Otto.

Willy. Verlobungslüfte weh'n! Ich bin ganz weich gestimmt.

Otto. Wollen wir nicht rasch diese Stimmung benutzen, um uns gegenseitig zu sagen, daß wir einander eigentlich sehr gerne haben?

Willy. Und daß wir uns bemühen werden, uns gegenseitig das Leben so angenehm wie möglich zu machen.

Otto (sehr gerührt). Willy, Du bekommst einen braven Mann an mir!

Willy (ebenso). Otto, Du weißt noch nicht, welches Stück Gold ich bin! Das wirst Du erst im Laufe der Jahre erfahren.

Otto. Woher aber hast Du die Stimmung hergenommen?

Willy. Das will ich Dir erzählen! (Sie weist in die Richtung, wo Wiesner und Anna abgegangen und geht mit Otto sprechend, ebendort ab.)

12. Scene.

Hans (immer aufgeregter, kommt von rückwärts zurück. Von vorn rechts kommen) Mathilde, Bolz (und) Zirm.

Hans (ihr rasch entgegen). Endlich finde ich Sie!

Bolz. Meine Gnädige, nur zwei Worte!

Zirm. Verehrte Frau, einen Augenblick Gehör!

Mathilde (auf Hans zugehend). Nun —?

*) Hans. Nie war dieser Mann Ihrer werth! Aber ich —

Bolz (Mathilde mit sanfter Gewalt nach links führend). Ich muß mit Ihnen reden! Wenn Sie nicht wollen, daß Ihretwegen Menschenleben zu Grunde gehen, [wenn Sie nicht wollen, daß ein Unglück geschieht, an dem Ihre spröde Schönheit Schuld sein würde —]

Hans (dazwischentretend). Herr Bolz, entschuldigen Sie; aber ich habe dringend mit der gnädigen Frau zu sprechen.

Zirm (hat inzwischen Mathilde nach rechts geführt). Ich bin der Mann der That. Befehlen Sie über diesen Arm!

Hans (zu Mathilde). Kommen Sie! Nur fort von hier! Der Boden brennt mir unter den Füßen!

Mathilde (erschrocken). Er hat doch nicht „Nein!" gesagt. Das ist ja unmöglich.

Hans. Was kümmert mich, was er sagt. Ich hasse diesen Menschen!

Mathilde. Es ist ein so guter, guter Mensch! Wenn Sie wüßten, was er Alles für mich gethan hat. Ich liebe ihn mit meinem ganzen Herzen!

---

*) Hans, Bolz, Mathilde, Zirm.

Hans (verblüfft, zurückweichend). Was, Sie lieben ihn noch!

Bolz (von links). Rosen sprechen —

Zirm (von rechts). Befehlen Sie! Befehlen Sie!

Hans. Gnädige Frau, —

*) Zirm. Soll ich Sie von diesen lästigen Verehrern befreien? Ein Ruck meines Armes — und fort sind sie!

Hans. Meine Herren, diese Dame steht unter meinem Schutz —

Bolz. Mit welchem Recht —

Zirm. Ich werde nie erlauben —

Hans (auffahrend). Was werden Sie nicht erlauben?

Zirm. Daß dieser Dame das geringste Unrecht geschieht. Diese Dame wird sich unter meinem Schutze befinden. Wenn Sie ihr in so auffälliger Weise den Hof machen — ja mein Herr, in so auffälliger Weise — so ist ihr das gewiß unangenehm, ja mein Herr, sehr unangenehm. Ich aber werde sie beschützen!

Bolz (zu Hans). Hat die gnädige Frau Sie beauftragt, sie gegen mich zu vertheidigen.

Zirm. Hat die gnädige Frau Sie gerufen?

Bolz. Sie drängen sich vor!

Zirm. Ja, Sie drängen sich vor!

Mathilde. Lassen Sie mich doch zu Worte kommen —

[Bolz (leise). Blut wird fließen —

Zirm (leise). Ein Befehl, und wenn Sie wollen — entführe ich Sie! Im Entführen bin ich groß!]

Mathilde (hat Hansens Hand ergriffen, um ihn zu beruhigen). Nicht wahr, meine Herren, eine Dame hat doch das Recht der Wahl!? Ihre Huldigungen, Ihre stürmischen Huldi=

---

*) Bolz, Mathilde, Hans, Zirm.

gungen erfreuen mich sehr. Ich danke Ihnen dafür. Aber drei Werber kann ich nicht erhören. Ich habe nur eine Hand zu vergeben —

Bolz (für sich). Sie meint die Linke!

Zirm (für sich). Das nenne ich Freiheit der Bewegung!

Mathilde. Und diese Hand gehört dem Herrn Rechtsanwalt!

Bolz und Zirm. Was?

Hans (sehr ärgerlich). Das war unnöthig, so laut zu verkünden!

Mathilde. Sie ziehen die Stirne in Falten, weil nun Ihrem Wunsche nichts mehr im Wege steht?!

Hans. Man tauscht doch Männer nicht wie Handschuhe. Und Ihr Mann, Herr von Wiesner, hat mit einer Leichtigkeit in die Sache gewilligt —

Mathilde. Mein Mann, Herr von Wiesner! Ja so! Machen Sie sich auf eine furchtbare Enttäuschung gefaßt. Und wenn Sie auch diese Prüfung siegreich bestehen, dann haben Sie Ihre Liebe wahrhaft bewiesen!

Hans. Mein Gott, was werde ich hören müssen!

Mathilde. Auf die Gefahr hin, daß Sie mich nun sitzen lassen werden, erkläre ich Ihnen, Herr Rechtsanwalt, was Ihnen Herr von Wiesner gleich gesagt haben müßte. — Hat er Ihnen wirklich nichts gesagt —?

Hans. Sie martern mich! Was wollen Sie mir noch sagen — Frau von Wiesner?!

13. Scene.*)

Vorige. Anna (und) Wiesner.

Wiesner (dazwischen tretend). Ich bedauere, aber eine Frau von Wiesner giebt es vorläufig noch nicht. Das ist erst ein Begriff, dessen künftige holde Verkörperung ich Ihnen hier vorzustellen die Ehre habe. (Er zeigt auf Anna, die er umarmt; zu Hans und Mathilde.) Warum steht Ihr denn so hölzern da! Folgt doch meinem Beispiel. Ich könnte wetten, Sie haben Ihr noch keinen Kuß gegeben!

Hans (zurückweichend). Nein — bis jetzt glaubte ich — aber nun seh' ich's klar. Sie können nicht die sein, für die ich Sie gehalten. — Wären Sie das, könnte dieser Mann nicht so mit mir, mit Ihnen sprechen. Es giebt Grenzen der Sitte, die gewahrt werden müssen — wenn man nicht glauben soll — daß — daß — — Ich folge Ihrem gestrigen Rathe — ich empfehle mich —

Mathilde. Noch ein Wort! Ahnen Sie denn noch immer nichts? Wohlan denn! Hören Sie mich, meine Herren! Sie waren Alle so — liebenswürdig zu mir, weil Sie mich für eine Frau gehalten haben. Leider muß ich Sie aus Ihrem Himmel stürzen: ich bin keine Frau! Ich bin Herrn von Wiesner's Nichte, ein Mädchen, sonst nichts. Wer hält jetzt noch zu mir?

Hans. Wär' es möglich! Sie sind nicht die Frau eines Andern! Wie dank' ich Ihnen dafür!

Bolz (für sich). Wie konnte ich so aufsitzen!

---

*) Anna, Wiesner, Zirm, Mathilde, Bolz, Hans.

14. Scene.

Vorige. Köberl (im Sonntagsstaat aus dem Hause; von rückwärts Hand in Hand) Otto (mit) Willy (von links hinter).

Zirm (zu Wiesner). Was sagt Ihre Frau? Was meint sie damit? Ich verstehe nicht recht.

Köberl (zu Anna). Na, Fräulein, was ist denn mit uns? Sagen's „Ja!"

Anna. Das geht leider nicht! Es geht wirklich nicht! Ich habe mir's überlegt. Ich muß jemand andern heirathen.

Köberl. Ueberlegen Sie sich's noch einmal. Ein' besser'n wie mich finden's kaum. Wissen's was, bis morgen bleib' ich Ihnen noch im Wort.

*) Mathilde (auf Bolz und Zirm deutend). Zwei Herzen habe ich geknickt und Eines erobert — alles nur, weil man mich für eine Frau gehalten hat. Ach, die Frauen haben es gut!

Hans. Das sollst Du erst als meine Frau erfahren. Weißt Du, was ich als Motto unserer Ehe setzen werde? „Dem Lobe meiner geliebten Frau!"

Willy (zu Otto). Merk' Dir das!

Bolz (für sich). Sie war ein Mädchen; das entschuldigt sie vor mir!

Zirm (der endlich begriffen hat). Ach so! Das habe ich ja gleich gewußt! Ich wollte nur kein Spaßverderber sein!

---

*)　　　　　Otto,　Willy,
Köberl,
　　　Anna, Wiesner, Zirm, Mathilde, Hans,
　　　　　　　　　　　　　　　　　　　Bolz.

Der Vorhang fällt.